Das große Fanbuch

Wendy 2

Freundschaft für immer

Schneiderbuch
EGMONT

Hallo, liebe Wendy-Fans!

Neue, ungeahnte Herausforderungen warten auf Wendy, die seit einem Jahr mit ihrer Familie und ihrem Zirkuspferd Dixie auf Rosenborg lebt. Eigentlich könnte alles perfekt sein, doch dann erfährt Wendy, dass der Reiterhof ihrer Oma kurz vor der Pleite steht!

Einen Ausweg aus der Geldnot erhofft sich Wendy von einem Jugendturnier, das in Kürze im nahe gelegenen St. Georg stattfinden wird.

Dummerweise kann Dixie nicht springen. Aber ein unerwartetes Geschenk von Metzger Röttgers lässt Wendy und ihre Familie neue Hoffnung schöpfen. Es ist Penelope, ein traumatisiertes Springpferd mit Stammbaum.

Ausgerechnet Dixie hilft Penny, ihre Blockade zu überwinden. Ein Happy End scheint in greifbarer Nähe, doch es kommt anders.

Taucht mit diesem Fanbuch zu »Wendy – Freundschaft für immer« ganz tief in die Welt von Rosenborg ein. Wagt dabei einen spannenden Blick hinter die Kulissen und erfahrt alles über die Herausforderungen bei den Dreharbeiten und die Stimmung am Set. Lernt die Pferde mit ihren kleinen Eigenarten kennen und begegnet den Schauspielern von ihrer ganz privaten Seite. Ihr werdet die eine oder andere Überraschung erleben …

Wendy und Dixie sind beide sehr eigensinnig.

Die Pferdetrainerin im Einsatz für das Gelingen der Szene.

Metzger Röttgers bringt Penelope nach Rosenborg.

Wendy möchte Rosenborg nicht verlassen.

Inhalt

Wendy

Wendy liebt ihr Zirkuspferd Dixie und das Leben auf Rosenborg. Als sie erfährt, dass der Verkauf des Reiterhofs droht, steht für Wendy fest, dass sie alles tun wird, um dies zu verhindern. Und wenn sich Wendy etwas in den Kopf setzt, dann lässt sie sich davon nicht so schnell wieder abbringen. Mutig und beharrlich hilft sie dem traumatisierten Springpferd Penny, seine Ängste zu überwinden. Das gelingt ihr dank Dixie. Schließlich reitet Wendy beim Sommerturnier auf St. Georg mit zwei Pferden durch den Parcours – eine Sensation. Ein Video davon verbreitet sich dank der zwei YouTuberinnen rasend schnell im Internet. Wendy wird beim Turnier zwar disqualifiziert, doch für Rosenborg eröffnen sich neue Perspektiven.

Wendy gibt die Hoffnung nie auf.

Steckbrief für Jule Hermann, die Wendy spielt:

Name: Jule Hermann

Geburtsdatum und -ort: 2004 in München

Sternzeichen: Waage

Augenfarbe: grün

Haarfarbe: blond

Hobbys: Ballett, Geige, Singen, Zeichnen

Meine größte Stärke: Kreativität

Meine größte Schwäche: Schlecht Nein sagen zu können

Was ich bei anderen mag: Treue und Humor

Was ich bei anderen gar nicht mag: Unehrlichkeit

An meiner Rolle fasziniert mich besonders: Jemanden spielen zu dürfen, der ein ganz spezielles und inniges Verhältnis zu Pferden hat.

Mein größter Traum: Eine Weltreise zu machen – in einer friedlichen Welt!

Auch im wahren Leben ist Jule ein Familienmensch.

Jule im Interview:

Ein erster gemeinsamer Ausritt.

Welche Eigenschaft der Person, die du spielst, gefällt dir gar nicht?

Wendy ist manchmal ein bisschen gutgläubig. Man sollte vielleicht nicht immer gleich misstrauisch werden, aber man sollte sich gut überlegen, wem man vertraut.

Hattest du schon vorher mit Pferden zu tun?

Pferde mochte ich schon immer. Ich war früher auf Reiterhöfen im Urlaub oder habe Freundinnen zum Reiten begleitet.

Kannst du reiten?

Das ist eine schwierige Frage. Meine Reitlehrerin sagt immer, dass es sehr viele Jahre dauert, bis man es wirklich kann. Aber ich habe schon viel gelernt und fühle mich auf Pferden einfach sehr wohl.

Was gefällt dir besonders an deiner Rolle?

An der Figur Wendy gefällt mir eigentlich alles. Sie ist mutig, kreativ, zuverlässig und eine gute Freundin.

Ich mag Pferde, weil ...

Sie sind sehr sensible Tiere, und wenn man sie versteht, kann man mit ihnen magische Momente erleben.

Welche Eigenschaft der Person, die du spielst, gefällt dir besonders?

Ich glaube, das ist ihr Mut. Sie stellt sich einfach den Aufgaben und versucht, ihr Ziel zu erreichen.

Was bedeutet Freundschaft für dich?

Freundschaft ist für mich etwas sehr Wertvolles. Besonders Ehrlichkeit ist mir dabei sehr wichtig und dass man nicht ausgenutzt wird.

Zwei, die sich sehr mögen.

Tom

Tom ist Wendys älterer Bruder. In den Ferien wohnt er in einem alten Zirkuswagen, der im Innenhof von Rosenborg steht. Tom hat immer Hunger. Da er aber meist bis mittags schläft, verpasst er öfters das Frühstück.

Tom ist heillos in Vanessa verliebt, komponiert sogar ein Lied für sie. Leider sind weder Toms Gitarrenspiel noch sein Gesang sonderlich gut. Und auch sonst kann er bei Vanessa nicht wirklich landen.

Auch Tom will Rosenborg nicht verlassen. Deshalb hilft er Wendy, so gut er kann.

Der Zirkuswagen ist Toms privates Reich.

Er begleitet sie nach St. Georg, als sie die Anmeldung fürs Turnier abgibt, übernachtet mit Wendy bei Dixie und drückt seiner Schwester bei ihrem spektakulären Ritt die Daumen.

Steckbrief für Julius Hotz, der Tom spielt:

Name: Julius Hotz

Geburtsdatum und -ort: 16.12.1997 in Karlsruhe

Sternzeichen: Schütze

Augenfarbe: graugrün

Haarfarbe: dunkelblond

Hobbys: Feldhockey, Klavierspielen, sich handwerklich betätigen (an Fahrrädern schrauben, Hütten bauen)

Meine größte Schwäche: meine Frustrationstoleranz

Was ich bei anderen mag: Reflektierte, selbstkritische Menschen, die sich interessieren und begeistern können.

Was ich bei anderen gar nicht mag: Oberflächlichkeit

Julius ist als »Tom« ganz konzentriert bei der Sache.

Julius im Interview:

Manchmal ist Tom ziemlich tollpatschig.

Was gefällt dir besonders an deiner Rolle?
Mich beeindruckt die Überzeugung, mit der Tom seinen Wünschen und Träumen nachgeht.

Welche Eigenschaft der Person, die du spielst, gefällt dir besonders?
Toms Fürsorge für Wendy finde ich gut, und dass er pure Emotionen zulässt.

Hattest du schon vorher mit Pferden zu tun?
Ja, ein guter Freund von mir reitet.

Kannst du reiten?
Nicht wirklich. Ich habe es aber schon ausprobiert, und das hat Freude bereitet.

Ich mag Pferde, weil ...
Sie sind sehr zuverlässige Tiere, die viel Eleganz ausstrahlen.

Welche Szene war für dich am schwierigsten?
Das dürfte die Szene gewesen sein, in der ich den Song für Vanessa singe. Das schräge Singen vor dem Filmteam ist mir, als Mensch mit perfektionistischen Ansprüchen, anfangs schwergefallen.

War Schauspieler schon immer dein Traumberuf?
Ja, ich wollte schon sehr früh Schauspieler werden und Faxen machen.

Was bedeutet Freundschaft für dich?
Einander zu vertrauen und ehrlich sein zu dürfen.

Er hat nur Augen für Vanessa.

Gunnar

Gunnar ist Wendys und Toms Vater, Heikes Ehemann und Oma Hertas Sohn. Er gibt auf Rosenborg Reitunterricht und bildet Jungpferde aus. Leider verdient er damit zu wenig, um den Reiterhof instand zu halten.
Als Metzger Röttgers Penny nach Rosenborg bringt, erkennt Gunnar sofort, was für ein besonderes Pferd das ist. Aber er ahnt auch, dass mit Penny etwas nicht stimmt.

Gunnar hat ein gutes Gespür für Pferde.

Seine Befürchtungen bewahrheiten sich rasch. Obwohl wenig Hoffnung besteht, erlaubt er Wendy, dass sie versucht, der traumatisierten Stute ihre Ängste zu nehmen. Als es kurz vor dem Start beim Turnier auf St. Georg aussieht, als müsse Wendy auf Dixies Hilfe verzichten, ermutigt er seine Tochter, an sich zu glauben. Gunnar ist sehr stolz auf Wendy - und darauf, dass sie niemals aufgibt.

Steckbrief für Benjamin Sadler, der Gunnar spielt:

Vater und Tochter haben ein enges Verhältnis zueinander.

Name: Benjamin Sadler

Geburtsdatum und -ort: 12.02 1971 in Toronto/Kanada

Sternzeichen: Wassermann

Augenfarbe: grünbraun

Haarfarbe: braun

Hobbys: Fotografie, Zeichnen, Segeln, ganz viel Sport, Lesen, gutes Essen

Meine größte Stärke: meine Neugierde

Meine größte Schwäche: meine Ungeduld

Was ich bei anderen mag: Humor

Was ich bei anderen gar nicht mag: Wenn jemand keinen Humor hat.

An meiner Rolle fasziniert mich besonders: Dass ich damit die Möglichkeit habe, Kinder zu unterhalten.

Mein größter Traum: Zum Beispiel über den Pazifik zu segeln.

Was gefällt dir besonders an deiner Rolle?
Dass Gunnar als Vater sein Bestes versucht.

Welche Eigenschaft der Person, die du spielst, gefällt dir besonders?
Dass Gunnar so ein Familienmensch ist.

Hattest du schon vorher mit Pferden zu tun?
Ja, ich habe privat und in anderen Filmen schon einige Male reiten dürfen.

Kannst du reiten?
Für ein wenig Ausreiten und Filmen reicht es.

Ich mag Pferde, weil ...
Sie sind sehr feinfühlige und schöne Tiere.

Was war dein beeindruckendstes Erlebnis beim Dreh?
Immer wieder die Arbeit mit den Pferden und mit meiner Filmfamilie.

Welche Szene war für dich am schwierigsten?
Die große Schlussszene mit allen Schauspielern, Pferden und Komparsen. Die haben wir drei Tage gedreht. Das war schon aufwendig.

War Schauspieler schon immer dein Traumberuf?
Ja, nachdem ich erst Profisportler, Archäologe, Arzt, Fotograf, Architekt und Illustrator werden wollte.

Was bedeutet Freundschaft für dich?
Freundschaft und Familie sind das Wichtigste im Leben.

Sie wissen, dass es schlecht um Dixie steht.

Gunnar versucht Heike zu beruhigen.

Heike

Der Brief von der Bank bedeutet nichts Gutes.

Heike steckt voller Ideen, um Rosenborg vor der Pleite zu retten, und ist ziemlich temperamentvoll. In ihrer Wut kippt sie Ulrike Immhof einmal Marmelade über den Kopf, als diese mit dem Bankangestellten Hövelmann auf Rosenborg auftaucht und so tut, als gehöre der Reiterhof bereits ihr. Heike möchte auf Rosenborg einen Hofladen eröffnen. Sie hofft auf viele zufriedene Kunden, die ihren Laden weiterempfehlen. Wie auch der Rest der Familie will Heike unbedingt auf Rosenborg bleiben. Sie ist gerührt, als sie erfährt, dass

Wendy am Sommerturnier teilnehmen wird. Sie weiß, dass ihre Tochter das nur für Rosenborg tut, denn eigentlich wollte Wendy nie wieder ein Turnier reiten.

Heike kann sehr temperamentvoll sein.

Steckbrief für Jasmin Gerat, die Heike spielt:

Name: Jasmin Gerat

Geburtsdatum und -ort: 25.12.1978 in Berlin

Sternzeichen: Steinbock

Augenfarbe: braun

Haarfarbe: braun

Hobbys: Kino, Sport, Kochen, Träumen, Yoga, Natur, Freunde, Familie, Faulenzen.

Meine größte Stärke: Mut und Ungeduld

Meine größte Schwäche: Ungeduld

Was ich bei anderen mag: Offenheit, Herzenswärme, Ehrlichkeit

Was ich bei anderen gar nicht mag: Intoleranz, Machtgehabe, Unehrlichkeit

An meiner Rolle fasziniert mich besonders: Dass »Heike« so anders ist als ich

Mein größter Traum: Am Meer leben und nie wieder Socken tragen müssen

Jasmin im Interview:

Was gefällt dir besonders an deiner Rolle?
Ich mag Heikes Verwandlung vom gestressten Stadtmenschen hin zu einer Frau, die ihr Glück auf dem Land findet.

Welche Eigenschaft der Person, die du spielst, gefällt dir besonders?
Ich bewundere Heikes Mut, ihr geregeltes Leben gegen eine unsichere Existenz einzutauschen und sich noch mal komplett neu zu erfinden.

Hattest du schon vorher mit Pferden zu tun?
Mit acht Jahren ging es erst zum Voltigieren, danach bin ich dann bis zu meinem fünfzehnten Lebensjahr leidenschaftlich gerne geritten. Ich hatte mehrere Pflegepferde, um die ich mich jeden Tag nach der Schule gekümmert habe.

Ich mag Pferde, weil ...
Sie sind die schönsten, ehrlichsten, gefühlvollsten und schlausten Tiere, die ich kenne. Zudem waren sie mir in meiner Teenie-Zeit die besten Freunde und eine große Stütze.

Welche Szene war für dich am schwierigsten?
Alle sogenannten großen Szenen, bei denen alle Schauspieler plus Tiere gleichzeitig am Set waren. Da musste jeder von uns sehr lange sehr konzentriert bleiben.

War Schauspielerin schon immer dein Traumberuf?
Bevor ich zur Schauspielerei gefunden habe, wollte ich Tierärztin werden.

Was bedeutet Freundschaft für dich?
Wie meine Familie ist Freundschaft ein Hafen für mich. In ihr kann ich mich ausruhen und darf so sein, wie ich bin!

Sie tröstet Wendy, als es Dixie schlecht geht.

Bei Ungerechtigkeit gibt es für Heike kein Halten mehr.

Oma Herta

Oma Herta ist immer für einen Spaß zu haben.

Oma Herta ist eine unkonventionelle Optimistin. Sie liebt es, in ihrer Außenküche herumzuexperimentieren. Dabei geht öfters mal etwas daneben. Doch davon lässt sich Oma Herta in ihrem Tatendrang nicht bremsen. Sie ist etwas chaotisch und stets gewillt, sich gegen Vorschriften aufzulehnen.

Oma Herta erfährt als Erste, dass sich Wendy Sorgen macht, Rosenborg verlassen zu müssen. Herta versucht, ihre Enkelin zu beruhigen, indem sie ihr erklärt, das Wichtigste sei doch, dass sie alle zusammen bleiben.

Als es drauf ankommt, erweist sich Oma Herta jedoch als äußerst tatkräftig. So ist sie es, die Dixie auf St. Georg aus der Gewalt der Ordner befreit. Und sie ist überglücklich, als sie erkennt, dass Rosenborg gerettet ist.

Steckbrief für Maren Kroymann, die Oma Herta spielt:

Eine Frau mit vielen Talenten.

Name: Maren Kroymann

Geburtsdatum und -ort: 19.07.1949 in Walsrode

Sternzeichen: Krebs

Augenfarbe: blau-grün-braun

Haarfarbe: blond

Hobbys: Schwimmen, Wandern, Singen (dieses Hobby ist glücklicherweise auch mein Beruf), auf dem Markt einkaufen, für Freunde kochen.

Meine größte Stärke: Durchhaltevermögen

Meine größten Schwächen: Nüsse und Schokolade

Was ich bei anderen mag: Offenheit, Humor, Entspanntheit

Was ich bei anderen gar nicht mag: Überheblichkeit, eine herablassende Art

Mein größter Traum: Dass aus allen starken Mädchen mal starke Frauen werden. Und aus den schüchternen Mädchen auch.

Maren im Interview:

Maren und Regisseur Hanno Olderdissen.

Oma Herta sorgt dafür, dass der Ordner Dixie loslässt.

Was gefällt dir besonders an deiner Rolle?
Dass diese Oma so eine eigenwillige, charaktervolle Person ist, die sich nicht darum schert, was andere denken könnten.

Welche Eigenschaft der Person, die du spielst, gefällt dir besonders?
Das Chaotische. Und dass sie manchmal ziemlich lustig ist. Und dass sie für ihre Enkel wirklich alles tun würde.

Welche Eigenschaft der Person, die du spielst, gefällt dir gar nicht?
Keine! Und das Schusselige, das für ihre Umwelt manchmal vielleicht nicht so angenehm ist, kenne ich von mir selbst: Dass ich zum Beispiel meine Brille suche, dabei habe ich sie auf dem Kopf.

Wie hast du dich auf die Rolle vorbereitet?
Die Oma habe ich ja schon im ersten »Wendy«- Film gespielt und konnte mich daher auch gut wieder in die Rolle einfinden. Hauptsächlich habe ich mich aber tierisch drauf gefreut, alle wiederzusehen.

Hattest du schon vorher mit Pferden zu tun?
Als Kind habe ich eine Zeit lang voltigiert. Und vor drei Jahren habe ich einen Film gedreht, bei dem ich reiten musste.

Ich mag Pferde, weil ...
Es so schöne Tiere sind. Weil ich sie gerne anfasse und weil sie auch Kumpels sein können.

Was bedeutet Freundschaft für dich?
Sehr viel. Freundschaft ist genauso wichtig wie Liebe. Freundschaft ist eine Art von Liebe.

Mücke

Mücke ist der Enkel von Metzger Röttgers. Er liebt es, mit seinem Lowrider-Fahrrad herumzufahren. Wenn er von Pferden redet, neigt er dazu, sie als »Gaul« zu bezeichnen. Das meint er aber nie böse.

Wendy kann sich auf Mücke in jeder Situation verlassen. Von ihm hört sie zum ersten Mal, dass es auf St. Georg ein Sommerturnier geben wird. Er steht ihr bei, als Dixie krank ist, und er stellt sich auf St. Georg mutig den Ordnern in den Weg, als diese das Zirkuspferd vom Turniergelände verbannen wollen. Und Mücke ist es schließlich auch, der Wendy darüber aufklärt, dass zwei YouTuberinnen ihren Turnierritt im Internet hochgeladen haben und deshalb plötzlich so viele Menschen nach Rosenborg kommen.

Mücke ist stets an Wendys Seite, wenn sie ihn braucht.

Steckbrief für Lorenzo Germeno, der Mücke spielt:

Name: Lorenzo Germeno

Geburtsdatum und -ort: 04.01.2004 in München

Sternzeichen: Steinbock

Augenfarbe: blau

Haarfarbe: blond

Hobbys: Boxen, Schlagzeugspielen, Kochen

Meine größte Stärke: Man sagt, dass ich mich gut in andere Leute einfühlen kann.

Meine größte Schwäche: Das ist eine schwere Frage. Fragt meinen Lehrer, dem fällt was ein.

Was ich bei anderen mag: Wenn sie nett sind.

Was ich bei anderen gar nicht mag: Wenn sie abweisend sind.

An meiner Rolle fasziniert mich besonders: Dass Mücke immer ruhig und cool bleibt.

Mein größter Traum: Dass es allen Leuten gut geht.

Ihn bringt so schnell nichts aus der Ruhe.

Lorenzo im Interview

Was gefällt dir besonders an deiner Rolle?
Mücke ist wie ein guter Freund für mich.

Welche Eigenschaft der Person, die du spielst, gefällt dir besonders?
Mücke ist lustig und lässig.

Dieses Trio versteht sich auch privat super.

Wie hast du dich auf die Rolle vorbereitet?
Ich bin die Szenen mit meinem Bruder durchgegangen, und wir haben uns zusammen etwas dazu überlegt.

Hattest du schon vorher mit Pferden zu tun?
Ja, im ersten »Wendy«-Film.

Kannst du reiten?
Ja, ich hatte Reitunterricht.

Ich mag Pferde, weil ...
Sie sind schöne Tiere.

Was war dein beeindruckendstes Erlebnis beim Dreh?
Es war alles sehr beeindruckend und hat viel Spaß gemacht.

War Schauspieler schon immer dein Traumberuf?
Eigentlich standen Detektiv, Anwalt und Koch zur Auswahl.

Was bedeutet Freundschaft für dich?
Dass man immer füreinander da ist und miteinander Spaß haben kann.

Die Freunde erkundigen sich, ob es Dixie besser geht.

Bianca

Bianca ist eng mit Mücke und Merle befreundet. Wie die beiden anderen will auch sie tun, was sie kann, um Wendy zu helfen. Denn Bianca möchte unbedingt, dass Wendy weiterhin auf Rosenborg wohnen bleibt, damit sie alle zusammen noch viele Abenteuer erleben.

Lea Eileen konnte sich gut in die Rolle von Bianca hineinversetzen.

Steckbrief für Lea Eileen Stönner, die Bianca spielt:

Name: Lea Eileen Stönner **Geburtsdatum und -ort:** 26.09.2005 in Köln

Sternzeichen: Waage **Augenfarbe:** blau **Haarfarbe:** dunkelblond

Hobbys: Geräteturnen, Gitarre spielen, Rollerskaten, Ski- und Snowboardfahren, Surfen und Klettern

Meine größten Stärken: Meine gute Laune. Ich versuche Stresssituationen locker zu nehmen.

Meine größten Schwächen: Ich rede gerne und auch viel, habe viele Gedanken im Kopf, die nicht gleich sortiert sind.

Was ich bei anderen mag: Wenn sich Personen so geben, wie sie sind, und sich nicht verstellen.

Mein größter Traum: Einmal magische Kräfte zu besitzen.

Als »Bianca« denkt sie immer positiv.

Was gefällt dir besonders an deiner Rolle?
Mir gefällt besonders, dass Bianca eine frohe, offene und freundliche Person ist.

Welche Eigenschaft der Person, die du spielst, gefällt dir besonders?
Dass Bianca anderen hilft, wenn es ihnen nicht gut geht.

Hattest du schon vorher mit Pferden zu tun?
Ja. Eine Freundin meiner Eltern hat ein Pferd. Deshalb konnte ich immer mal wieder die Gelegenheit wahrnehmen und reiten.

Ich mag Pferde, weil …
Pferde können Lebensfreude schenken. Ich habe aber auch großen Respekt vor ihnen, da sie nie ganz berechenbar sind.

Was bedeutet Freundschaft für dich?
Dass man einander vertrauen kann und seine Freunde so annimmt und akzeptiert, wie sie sind.

Merle

Merle ist die jüngste der Freunde, die immer als Dreigespann auftauchen. Ihr Lieblingswort ist »voll«. Sie sagt ständig »voll« gemein oder »voll« mutig. Ihre Freunde, besonders Bianca, ziehen sie damit gerne auf.

Claire mag ihre Rolle.

Steckbrief für Claire Wegener, die Merle spielt:

Name: Claire Wegener **Geburtsdatum:** 04.10.2006

Sternzeichen: Waage **Augenfarbe:** blau **Haarfarbe:** blond

Hobbys: Reiten, Klavierspielen, Singen, Trampolinspringen

Meine größte Schwäche: Ich bin manchmal etwas zu ungeduldig.

Was ich bei anderen mag: Wenn sie ehrlich sind.

Was ich bei anderen gar nicht mag: Wenn jemand lügt.

Mein größter Traum: Mal mit Delfinen schwimmen und später eine bekannte Pferdezüchterin werden.

Wahre Freunde.

Was gefällt dir besonders an deiner Rolle?
Merle ist offen und immer gut gelaunt. Außerdem ist sie nicht nachtragend.

Welche Eigenschaft der Person, die du spielst, gefällt dir besonders?
Mir gefällt alles an Merle. Sie ist ein bisschen wie ich.

Wie hast du dich auf die Rolle vorbereitet?
Wir hatten Kinder-Coaches. Das war immer sehr schön.

Hattest du schon vorher mit Pferden zu tun?
Ja, ich lebe auf einem Pferdehof.

Kannst du reiten?
Ich reite, seit ich ganz klein bin.

Ich mag Pferde, weil ...
Sie sind wunderschön und trotzdem sehr sensible Tiere.

Was bedeutet Freundschaft für dich?
Freundschaft bedeutet mir sehr viel. Ich bin glücklich, eine tolle beste Freundin zu haben.

YouTuberinnen Mia

Als das Turnier auf St. Georg stattfindet, sitzt Mia zusammen mit xLaeta auf der Tribüne. Sie filmt Wendys Ritt für ihren YouTube-Kanal »Mias Pferdewelt« und ist ganz begeistert, dass Wendy mit gleich zwei Pferden durch den Parcours reitet.

Beim Thema Pferde macht Mia so schnell keiner was vor.

Steckbrief für Mia Bender, die die YouTuberin Mia ist:

Name: Mia Bender **Geburtsdatum:** 14.11.2004

Sternzeichen: Skorpion **Augenfarbe:** dunkelbraun

Haarfarbe: dunkelblond

Hobbys: Reiten, Fotografieren, Theater, Musik, Singen und natürlich Videos machen

Meine größte Stärke: Kreativität

Meine größte Schwäche: Ungeduld

Was ich bei anderen mag: Tierliebe und Höflichkeit

Was ich bei anderen gar nicht mag: Unehrlichkeit und Zickigkeit

Mein größter Traum: Ein Haus mit dazugehörigem Stall

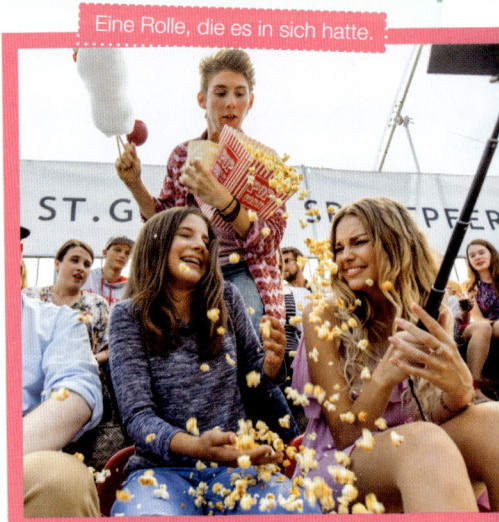

Eine Rolle, die es in sich hatte.

Was gefällt dir besonders an deiner Rolle?
Ich darf mich selbst spielen, das finde ich total witzig.

Wie hast du dich auf die Rolle vorbereitet?
Ich habe mit meiner Freundin zusammen die Szene durchgespielt. Dabei hatten wir jede Menge Spaß.

Ich mag Pferde, weil ...
Sie sind wie ein großer Freund.

Was war dein beeindruckendstes Erlebnis beim Dreh?
Mich hat total fasziniert, wie viele Menschen so toll zusammengearbeitet haben. Alles war ganz genau geplant. Es gab sogar jemanden, der auf die Wolken geschaut hat, um zu sehen, wann das Licht wieder gut ist.

Was bedeutet Freundschaft für dich?
Jemanden zu haben, mit dem man wirklich über alles sprechen kann.

xLaeta

xLaeta sitzt beim Turnier auf St. Georg neben Mia auf der Tribüne. Auch sie filmt Wendys besonderen Ritt. Beide YouTuberinnen laden ihre Videos hoch und haben in kürzester Zeit sehr viele Aufrufe. Das führt dazu, dass plötzlich sehr viele Menschen nach Rosenborg strömen, die ihre Pferde unterstellen oder dort trainieren lassen wollen.

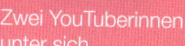

Zwei YouTuberinnen unter sich.

Steckbrief für Julia Maria, die die YouTuberin xLaeta ist:

Name: Julia Maria **Geburtsdatum:** 20.03.1996

Sternzeichen: Fische **Augenfarbe:** grünblau **Haarfarbe:** blond

Hobbys: Katzenmama sein, Shoppen und YouTube

Meine größte Stärke: Fleiß **Meine größte Schwäche:** Schokolade

Was ich bei anderen mag: Ehrlichkeit

Was ich bei anderen gar nicht mag: Missbrauch von Vertrauen

An meiner Rolle fasziniert mich besonders: Die Möglichkeit, an einem so großen Film mitzuwirken.

Mein größter Traum: Immer gesund zu bleiben.

Was gefällt dir besonders an deiner Rolle?
Mich selbst zu spielen. Das ist einfach, und ich bin dabei authentisch, auch ohne große Schauspielkunst!

Hattest du schon vorher mit Pferden zu tun?
Meine beste Freundin hatte, als wir in der Grundschule waren, ein Pflegepferd. Daher habe ich früher viel Zeit auf dem Reiterhof verbracht.

Kannst du reiten?
Nein.

Ich mag Pferde, weil ...
Sie sind wunderschöne und elegante Tiere. Total beeindruckend!

Was bedeutet Freundschaft für dich?
Die Gewissheit, dass man mit einer Person über alles reden kann.

xLaeta nimmt den Dreh locker.

Ulrike

Ulrike Immhof ist die Besitzerin des modernen Reiterhofs St. Georg. Sie ist ehrgeizig und hat große Pläne, die sie ohne jeden Skrupel umzusetzen versucht. Schon seit Längerem will sie den heruntergewirtschafteten Reiterhof Rosenborg erwerben. Mithilfe der Bank setzt Ulrike Wendys Familie unter Druck, damit sie ihr den Hof billig verkaufen.

Zu ihrer Tochter hat Ulrike kein gutes Verhältnis. Ulrike meckert ständig an Vanessa herum und ist auch sonst sehr dominant. Sie erwartet, dass entweder Vanessa oder Daniel, der derzeit auf St. Georg trainiert, das große Sommerturnier gewinnt. Denn die Siegprämie von 2000 Euro soll unbedingt auf St. Georg bleiben.

Ulrike und Daniel verfolgen Wendys Ritt.

Steckbrief für Nadeshda Brennicke, die Ulrike spielt:

Name: Nadeshda Brennicke

Geburtsdatum und -ort: 21.04.1973 in Freiburg

Sternzeichen: Stier

Augenfarbe: braun

Haarfarbe: blond

Hobbys: Reiten und Surfen

Meine größte Stärke: Treue

Meine größte Schwäche: Ungeduld

Was ich bei anderen mag: Zuverlässigkeit

Was ich bei anderen gar nicht mag: Opportunismus

Mein größter Traum: Noch als Oma schauspielern zu dürfen.

Ulrike erkennt, dass sie mit ihren Intrigen gescheitert ist.

Nadeshda im Interview:

Immer kühl und berechnend.

Wie hast du dich auf die Rolle vorbereitet?
Ich habe mir viele böse Figuren in Comicfilmen angesehen.

Hattest du schon vorher mit Pferden zu tun?
Ich besitze drei Arabische Vollblüter und habe diese Rasse lange gezüchtet.

Kannst du reiten?
Ja.

Ich mag Pferde, weil …
Weil sie wundervolle Wesen sind.

Was war dein beeindruckendstes Erlebnis beim Dreh?
Es gab eine Szene, in der mir Marmelade über den Kopf gegossen wurde.

Was bedeutet Freundschaft für dich?
Freundschaften sind mir sehr wichtig, aber ich habe nur wenige wirklich gute Freunde.

Was gefällt dir besonders an deiner Rolle?
Ich mag besonders, dass ich meine Rolle ein bisschen wie eine Comicfigur anlegen durfte. Sie erinnert mich an »Cruella de Vil« aus »101 Dalmatiner«.

Welche Eigenschaft der Person, die du spielst, gefällt dir besonders?
Die eigenartige Art, wie sie sich bewegt. Ulrike hat etwas Schlangenhaftes.

Diese Szene hinterließ bleibenden Eindruck.

Vanessa

Ihr Turnierritt war nicht fehlerfrei.

Vanessa ist eine begeisterte und gute Reiterin. Obwohl sie schon einige Preise gewonnen hat, ist ihre Mutter Ulrike nie zufrieden mit ihrer Leistung. Als Vanessa hört, dass Ulrike die traumatisierte Stute Penelope zum Abdecker geben will, ist sie geschockt. Wie kann man nur so herzlos sein?

Vanessa sorgt dafür, dass Penelope von Metzger Röttgers, der sehr in Oma Herta verliebt ist, nach Rosenborg gebracht wird. Als sie während des Turniers von den vergifteten Leckerlis erfährt, warnt sie Wendy sofort.

Schließlich wendet sich Vanessa offen gegen ihre Mutter. Sie bringt ihr Pferd Tornado nach Rosenborg, wo sie es künftig trainieren und unterstellen will.

Steckbrief für Henriette Morawe, die Vanessa spielt:

Ein eingespieltes Team.

Name: Henriette Morawe

Geburtsdatum und -ort: 03.10.2001 in Berlin

Sternzeichen: Waage

Augenfarbe: blaugrün

Haarfarbe: dunkelblond

Hobbys: Reiten und Turnen

Meine größte Stärke: Das können andere wohl besser beurteilen.

Meine größte Schwäche: Wenn Dinge mich nicht interessieren, kann ich mich nicht konzentrieren.

Was ich bei anderen mag: Ehrlichkeit und Humor

Was ich bei anderen gar nicht mag: Wenn jemand lügt.

Mein größter Traum: Moment, da muss ich noch mal träumen ...

Henriette im Interview

Was gefällt dir besonders an deiner Rolle?
Die Wandlung, die Vanessa im Laufe der Zeit durchlebt.

Welche Eigenschaft der Person, die du spielst, gefällt dir besonders?
Vanessa weiß genau, was sie will und was nicht.

Welche Eigenschaft der Person, die du spielst, gefällt dir nicht?
Vanessa ist zickiger als ich.

Hattest du schon vorher mit Pferden zu tun?
Schon seit ich ein kleines Kind war, sind Pferde das Größte für mich.

Kannst du reiten?
Ja. Ich bin aber der Meinung, man lernt nie aus.

Ich mag Pferde, weil ...
Pferde sind die besten Therapeuten.

Welche Rolle war für dich am schwierigsten?
Die Szene, in der ich beim Turnier neben Tom auf der Tribüne sitze und er den beiden YouTuberinnen Popcorn über die Köpfe kippt. Da fiel es mir wirklich sehr schwer, ernst zu bleiben.

War Schauspielerin schon immer dein Traumberuf?
Ja. Und ich hoffe, noch viele tolle und unterschiedliche Rollen spielen zu dürfen.

Vanessa will künftig mit Wendy trainieren.

Henriette ist eine sehr gute Reiterin.

Daniel

Daniel will unbedingt den einzigen noch freien Platz im Landeskader ergattern. Um dieses Ziel zu erreichen, schreckt er vor nichts zurück. Er heuchelt Wendy eine Freundschaft vor und bringt ihr vergiftete Leckerlis mit, von denen er behauptet, sie seien eine vitaminreiche Spezialmischung für Sportpferde. Damit will Daniel erreichen, dass Wendys Stute Penelope entweder gar nicht erst springt oder, wenn doch, anschließend als Dopingsünderin überführt wird. Dass Dixie schließlich die Leckerlis frisst, damit hat Daniel nicht gerechnet. Als sein Betrug auffliegt, entschuldigt sich Daniel nicht. Stattdessen sorgt er zusammen mit Ulrike Immhof dafür, dass Wendy disqualifiziert wird. Aber auf dem Weg zur Siegerehrung kann er ihr nicht in die Augen sehen.

Steckbrief für Noah Kraus, der Daniel spielt:

Name: Noah Kraus

Geburtsdatum und -ort: 01.04.2001 in Fürstenfeldbruck

Sternzeichen: Widder

Augenfarbe: grünbraun

Haarfarbe: blond

Hobbys: Zeichnen und kleine Filme drehen

Meine größte Stärke: Schauspielern

Was ich bei anderen mag: Offenheit, Ehrlichkeit und Freundlichkeit

Was ich bei anderen gar nicht mag: Intoleranz und Unehrlichkeit

An meiner Rolle fasziniert mich besonders: Dass sie sehr facettenreich ist.

Mein größter Traum: Mit kreativer Arbeit im Filmbereich später mein Geld verdienen können.

Was gefällt dir besonders an deiner Rolle?
Ich mag die Zwiespältigkeit von Daniel.

Welche Eigenschaft der Person, die du spielst, gefällt dir besonders?
Daniel ist sehr ehrgeizig und hat sein Ziel immer klar vor Augen. Außerdem kann er super reiten.

Welche Eigenschaft der Person, die du spielst, gefällt dir gar nicht?
Trotz seiner guten Eigenschaften ist Daniel oft hinterlistig, egoistisch und betrügt im Notfall auch.

Wie hast du dich auf die Rolle vorbereitet?
Ich habe sehr viel Reittraining gehabt und mir des Öfteren vorgestellt, wie ich in Daniels Situation handeln würde.

Hattest du schon vorher mit Pferden zu tun?
Ich bin mal geritten, als ich sieben Jahre alt war, weil meine kleine Schwester damals auch mit dem Reiten angefangen hat.

Daniel erfährt, dass Wendy auch am Turnier teilnimmt.

Kannst du reiten?
Schon, aber noch nicht so gut wie mancher andere. Ich bin eben noch ein Anfänger.

Ich mag Pferde, weil …
Sie sind sehr einfühlsam, und man kann mit einem gut trainierten Pferd sehr toll arbeiten.

Welche Szene war für dich am schwierigsten?
Es gibt am Ende des Turniers eine Szene, in der ich ins Ziel reite. Leider bockte mein Pferd zu diesem Zeitpunkt etwas.

Was bedeutet Freundschaft für dich?
Freundschaft bedeutet für mich beiderseitiges Vertrauen und dass man zusammen scherzen und lachen kann.

Regieanweisungen für Noah.

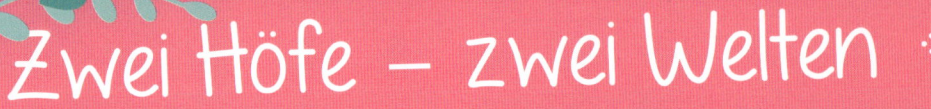

Rosenborg/St. Georg

Requisiten sorgen für den besonderen Look.

Die Reiterhöfe könnten unterschiedlicher kaum sein. Während Rosenborg sichtbar in die Jahre gekommen ist, ist im nahe gelegenen St. Georg alles neu und gestylt.

Rosenborg

Im Film:

Rosenborg ist das etwas chaotische, aber dennoch gemütliche Zuhause von Oma Herta, Gunnar, Heike, Wendy und Tom. Gunnar trainiert dort Jungpferde. Auf dem Hof gibt es aber auch sonst noch jede Menge Tiere. Dazu gehört unter anderem ein Schwein, das auf den Namen »Schwein« hört.

In der Realität:

Die Szenen, die auf Rosenborg spielen, wurden auf einer ehemaligen Wasserburg in der Nähe von Köln gedreht. Dieser Ort hat eine wunderbare, ganz einzigartige Atmosphäre, die genau dem entspricht, was den besonderen Charme von »Rosenborg« aus-

machen sollte. Producer Jochen Cremer beschreibt es so: »Der Ort ist einfach toll. Wenn man auf den Hof kommt und der Pfau schreit, ist man gleich in der richtigen Stimmung.« Ein wenig musste der Gutshof für die Dreharbeiten allerdings umgebaut werden. So hat das Herrenhaus eine neue »alte« Küche bekommen, und ein leerstehender Raum wurde zu Wendys Kinderzimmer. Außerdem sind alle Pflanzen an der Fassade ebenso unecht wie die schiefen und morschen Holzläden an den Fenstern. Gedreht wurde im Innenhof, im Herrenhaus sowie auf der Wiese neben dem Gut. Überall standen Scheinwerfer, Kameras und Requisiten herum, zum Beispiel ein altes Auto oder klapprige Fahrräder.

Auch für den ersten »Wendy«-Film wurde schon auf dem Gelände der alten Wasserburg gedreht. Damals hatte man ein paar Wochen vor Drehstart extra einen Gemüsegarten angelegt.

Hier geht es nur um Profit.

Eine professionelle Anlage mit allem Drum und Dran.

St. Georg

Im Film:

St. Georg ist ein hochmoderner und sehr großer Reiterhof. Die Anlage wirkt kühl, aber hochprofessionell. Die Besitzerin Ulrike Immhof führt den Betrieb nach rein wirtschaftlichen Gesichtspunkten. Pferde sind für sie eine Investition, die sich rechnen muss. Funktioniert ein Pferd nicht, wie sie es sich wünscht, landet es beim Metzger.

In der Realität:

Gedreht wurden die Szenen, die auf St. Georg spielen, auf einem Reiterhof bei Zülpich, der in ein Naturschutzgebiet eingebettet ist. Turnierpferde aus der ganzen Welt werden dort trainiert und gezüchtet. So sind zum Beispiel Pferde aus Qatar untergestellt. Den Reiz der Anlage macht aus, dass sie sehr weitläufig und modern ist. Es gibt mehrere Reithallen und umfangreiche Außenanlagen wie einen Turnier-, einen Dressur-, und einen Abreitplatz. Immer wieder finden dort auch internationale Turniere statt.

Wendy ist glücklich, einen neuen Freund gefunden zu haben.

Wendy und Dixie – Eine ganz besondere Freundschaft ♥

Wendy und Dixie sind sich sehr ähnlich. Beide können sehr dickköpfig sein, haben aber auch ein ganz großes Herz.

Was sie verbindet:

Als sie einander kennenlernen, leiden sie beide an den Folgen eines Traumas. Dixie ist ein Zirkuspferd, das nicht gut behandelt wurde. An seinem Hals klafft eine Wunde, als Wendy ihm zum ersten Mal begegnet.

Wendy ihrerseits macht eigentlich einen großen Bogen um Pferde, seit sie vor einiger Zeit einen schweren Reitunfall hatte. Weil sie sich unsicher fühlt, trägt sie seit diesem Sturz eine Beinschiene, obwohl alle körperlichen Verletzungen längst verheilt sind. Nachts verfolgen Wendy die Erinnerungen in schlimmen Albträumen.

Doch gemeinsam schaffen sie es, ihre Ängste zu überwinden. Wendy spürt instinktiv, dass Dixie etwas ganz Besonderes ist – und sie liebt ihn genau dafür. Schritt für Schritt nähern sie sich einander an, und schon bald ist ihnen klar: Sie beide gehören zusammen.

Dixie ist in einer schlechten Verfassung.

Was sie gemeinsam durchstehen:

Auf einem Schrottplatz in der Nähe von Rosenborg, wo das Auto der Familie repariert werden soll, entdeckt Wendy ein helles Pferd mit braunen Flecken, das irgendjemand zwischen Müll und Schrott eingesperrt hat. Da kommt auch schon der Metzger angefahren, um das Tier abzuholen.

Das kann Wendy nicht zulassen. Unbemerkt öffnet sie ein provisorisches Gatter und hilft dem Pferd zu entkommen.

Kurz darauf, Wendy steht bei der Beerdigung ihres Opas vor dessen Grab, entdeckt sie den Schecken wieder. Er lungert hinter der Friedhofsmauer herum und schaut zu Wendy herüber. Da auch der Metzger bei der Beerdigung anwesend ist, schleicht sich Wendy zu dem Pferd und dirigiert es zu einer Stelle, wo niemand es sehen kann.

Am nächsten Tag taucht der Schecke nachts auf Rosenborg auf. Wendy begreift: Dieses Pferd hat sie auserwählt. Wendy nennt es »Dixie« und versteckt es zunächst in einem Schuppen am Fluss, danach auf Rosenborg, denn ihre neidische Cousine Vanessa droht ihr auf die Schliche zu kommen.

Wendy vertraut Dixie bald so sehr, dass sie ihre Beinschiene abnimmt und auf seinen Rücken steigt. Endlich kann Wendy die schlimmen Erlebnisse der Vergangenheit hinter sich lassen.

Aufgeflogen!

Doch dann geschieht etwas Unvorhergesehenes: Wendy hat ihren Eltern, Oma Herta und Tom gerade vorgeführt, wie gut sie auf Dixie reiten kann. Alle klatschen begeistert. Da fängt Dixie plötzlich an, komische Dinge zu machen. Er springt umher, bockt, bäumt sich auf und wirft Wendy ab. Anschließend verbeugt er sich. Es ist Oma Herta, die den Grund für sein merkwürdiges Verhalten erkennt: Dixie ist ein Zirkuspferd!

Gunnar will, dass Dixie Rosenborg verlässt. Und auch Vanessa setzt weiterhin alles daran, dass der Schecke doch noch beim Metzger landet. In ihrer Not reitet Wendy davon. Vanessa folgt ihr. Beide Mädchen landen im Moor und drohen im Morast unterzugehen. Doch das Zirkuspferd zieht sie heraus und bringt sie sicher zurück nach Rosenborg. Nun ist klar: Dixie darf bleiben!

Lebensretter auf vier Beinen.

Die Stars auf vier Beinen

Dixie

Dixie macht gerne Faxen und zeigt kleine Kunststücke ...

Im Film:

Dixie ist ein ziemlich verrücktes, aber sehr liebenswertes Zirkuspferd. Der Schecke kann ausgesprochen dickköpfig sein und macht, was er will. Damit handelt er sich schon mal Ärger ein, was ihm in der Regel aber egal ist. Seine größte Schwäche ist die Eifersucht. Dixie hasst es, Wendys Aufmerksamkeit teilen zu müssen. Aber Penny steht ihm bei, als es ihm schlecht geht. So erkennt Dixie, dass die Stute eine Freundin ist.

Beim Dreh:

Beim Dreh zu »Wendy 2 – Freundschaft für immer« wird die Rolle des Dixie von mehreren Pferden gespielt. Larimar ist das Hauptpferd. Als Doubles fungieren hauptsächlich Sasou und Imara. Die Pferde werden entsprechend ihrem Naturell und ihren jeweiligen Stärken und Fähigkeiten am Set eingesetzt. So ist sichergestellt, dass sie sich während des Drehs jederzeit wohlfühlen und genügend Pausen bekommen.

... und liebt seine Freiheit.

Larimar:

Larimar ist ein Wallach mit der Farbe Cremello. Er ist sieben Jahre alt und verfügt bereits über etwas Dreherfahrung. Larimar ist ein sehr lustiges und geschicktes Pferd. Er gibt gerne den »Klassenclown« und hat wahnsinnig viele Tricks auf Lager. So macht es ihm zum Beispiel Spaß, lustige Grimassen zu ziehen und auf Kommando zu »grinsen«.

Manchmal ist Dixie ein ziemlicher Frechdachs.

Sasou:

Sasou ist ebenfalls ein Wallach mit der Farbe Cremello. Er ist ein Jahr älter als Larimar und hat wie dieser bereits Dreher-fahrung. Sasou ist sehr temperamentvoll. Deshalb kommt er immer dann zum Einsatz, wenn die Rolle verlangt, dass er wild und feurig sein soll.

Imara:

Imara ist eine erst vierjährige Stute, die am Set von »Wendy 2 – Freundschaft für immer« zum ersten Mal bei Dreharbeiten dabei ist. Auch Imara ist natürlich ein Cremello. Bei den Szenen, in denen sie »Dixie« spielt, wurde beim Dreh und auch später beim Schnitt darauf geachtet, dass man nicht erkennt, dass sie eine Stute ist. Imara ist wahnsinnig verschmust und das »Küken« unter den »Dixies«.

Info für Experten:
Ein Cremello ist ein doppelt aufgehellter Fuchs. Er besitzt immer zwei Creme-Gene (eines von jedem Elternteil), daher ist er reinerbig und gibt sein Creme-Gen zu hundert Prozent an seine Nachkommen weiter. Ein Cremello hat außerdem immer blaue Augen.

Beim Turnier will Dixie unbedingt zurück zu Penny.

Penny

Penny verweigert sich auch vor niedrigsten Hindernissen ...

Ihr Charakter im Film:

Penny ist ein richtiges Turnierpferd, noch dazu von edler Herkunft. Die Stute besitzt entsprechende Papiere. Diese belegen, dass sie vom Gestüt Hohenlohe kommt, wo bereits Weltklassepferde gezüchtet wurden. Trotzdem ist Penny übel mitgespielt worden. Sie ist »sauer«. Irgendjemand hat aus übertriebenem Ehrgeiz zu hart mit ihr trainiert. Penny ist schwer traumatisiert. Kommen die Stangen eines Hindernisses auf sie zu, blockiert sie, obwohl sie die Fähigkeit besäße, locker darüber hinwegzusetzen. Außer vor dem Springen fürchtet sich Penny generell vor allem, was mit einem Turnier zu tun hat und auch vor Wasser.

Grundsätzlich ist die Stute aber ein sehr freundliches Pferd, das schnell Vertrauen zu Wendy fasst. Trotzdem gelingt es Wendy nicht, der Stute ihre Ängste zu nehmen. Das schafft erst Dixie. Obwohl die beiden Pferde kaum unterschiedlicher sein könnten – sie verbindet eine tiefe Zuneigung und die Tatsache, dass sie beide harte Zeiten durchgestanden haben.

Beim Dreh:

Auch die Rolle der Penny wurde von mehreren Pferden gespielt. Fineza ist das Hauptpferd. Das heißt, es kommt in den allermeisten Szenen zum Einsatz. Queiro und Chloé sind die Doubles. Sie bringen ihre besonderen Talente in ausgewählten Szenen ein.

... und hat trotz ihres edlen Stammbaumes ein Problem.

Fineza:

Fineza ist eine neunjährige Schimmelstute, die zuvor noch keine Dreherfahrung hatte. Fineza ist total lieb und verspielt, kann aber auch mal ein bisschen zickig sein. Die Rolle der »Penny« ist ihr förmlich auf den Leib geschrieben. Kein Wunder also, dass Fineza ihre Rolle mit Bravour gemeistert hat.

Queiro:

Queiro ist ein dreizehnjähriger Hengst und ebenfalls ein Schimmel. »Wendy 2 – Freundschaft für immer« ist sein erster Filmdreh. Die Szenen, in denen er zu sehen ist, wurden so gedreht oder geschnitten, dass nicht sofort erkennbar ist, dass er in Wirklichkeit keine Stute ist. Queiro ist ein sehr lebhaftes Pferd. Deshalb kam er immer dann zum Zuge, wenn »Penny« besonders temperamentvoll agieren musste.

Chloé:

Chloé ist neun Jahre alt und eine Schimmelstute. Auch sie hatte bisher keine Dreherfahrung. Chloé liebt es, zu springen – und wurde entsprechend eingesetzt. Sie ist zum Beispiel zu sehen, als Wendy beim Turnier auf St. Georg den Parcours fehlerfrei meistert.

Info für Experten:
Ein Schimmel ist ein weißes Pferd beliebiger Rasse. Auch Pferde, deren Fell durch zahlreiche weiße Stichelhaare aufgehellt ist, werden Schimmel genannt.

Ein echtes Prachtexemplar.

Ambassador

Daniel ist sehr streng mit Ambassador.

Sein Charakter im Film:

Ambassador ist das Pferd, mit dem Daniel am Jugendturnier auf St. Georg teilnimmt. Daniel nimmt ihn häufig hart an die Kandare, denn er ist der Ansicht, dass ein Pferd eine konsequente, harte Hand braucht, die ihm zeigt, wo es langgeht. Daniel reitet Ambassador seit fünf Jahren, und eigentlich kennen sie einander sehr gut. Doch manchmal hat Daniel das Gefühl, dass die Verbindung zu seinem Pferd irgendwie unterbrochen ist. Er kommt aber nicht auf die Idee, dass dies an seinem manchmal ruppigen Umgang mit Ambassador liegen könnte. Beim Turnier auf St. Georg legt Daniel auf Ambassador einen fehlerfreien Ritt hin. Reiter und Pferd wirken kraftvoll und dynamisch. Einmal berührt Ambassador die oberste Stange eines Hindernisses, sie wackelt, bleibt aber liegen.

Beim Dreh:

Francoise:

Francoise ist ein neunjähriger Brauner. Der Wallach ist sehr mutig und ausgesprochen gefräßig. Auch vor schwierigen Szenen schreckt er nicht zurück. Kein Wunder, dass Francoise als Filmpferd sehr beliebt ist und bereits viel Dreherfahrung hat.

Info für Experten:

Ein Brauner ist ein Pferd mit braunem Fell sowie schwarzer Mähne und Schweif.

Ambassador ist ein gutes Springpferd.

Tornado

Vanessa weiß, dass sie sich auf Tornado verlassen kann.

Sein Charakter im Film:

Nachdem sich herausgestellt hat, dass Penelope »sauer« ist und für eine Teilnahme am Jugendturnier nicht infrage kommt, entscheidet Ulrike Immhof, dass ihre Tochter den Wettbewerb auf Tornado reiten wird. Vanessa ist erleichtert, nicht mehr auf Penelopes Rücken steigen zu müssen. Tornado und Vanessa kennen und mögen einander und sind deshalb ein gutes Team.

Sie bewältigen den Springparcours während des Turniers flott und bis kurz vor Schluss fehlerfrei. Doch Tornado touchiert das letzte Hindernis, und die Stange fällt zu Boden. Wieder einmal hat Vanessa die Erwartungen ihrer Mutter nicht erfüllen können.

Beim Dreh:

Kety:

Kety ist ein dreiundzwanzigjähriger Rappe. Da Kety eine Stute ist, musste auch bei ihr darauf geachtet werden, dass ihre Szenen so gedreht und geschnitten werden, dass dies nicht auffällt. Kety hat ein sehr ruhiges, ausgeglichenes Naturell und ist ausgesprochen filmerfahren.

Info für Experten:
Ein Rappe ist ein Pferd, dessen Mähne, Schweif und Fell schwarz sind.

Tom bewundert, wie Vanessa mit ihrem Pferd umgeht.

Besuch am Set
Besonderheiten der Produktion

Bei »Wendy 2 – Freundschaft für immer« gab es viele spezielle Dinge zu beachten, weil mit Kindern und mehreren Pferden gedreht wurde. Es waren Organisationstalent und Sensibilität gefragt. Produzentin Eva Holtmann berichtet:

Was war die erste Herausforderung?
Zunächst braucht man natürlich immer ein gutes Drehbuch. Ein Buch, das nach »Wendy – Der Film« die bestehenden Figuren weiterentwickelt und eine neue, spannende Geschichte erzählt. Das ist uns mit »Wendy 2 – Freundschaft für immer« hoffentlich gelungen.

Wie wurden die Drehorte gefunden?
Es war gar nicht so einfach, die Orte zu finden, die perfekt geeignet waren, um sie später für die Dreharbeiten in die Reiterhöfe St. Georg und Rosenborg zu verwandeln. Wir haben uns zu diesem Zweck im Umkreis von Köln sehr viele Motive angeschaut und auch das Umland besser kennengelernt. Ausschlaggebend für die Entscheidung für diese beiden speziellen und sehr wichtigen Motive war dann ihre Gegensätzlichkeit.

Nicht immer spielte das Wetter optimal mit.

Eva Holtmann hatte alles im Griff.

Auf Rosenborg findet jeder ein Plätzchen für sich.

Wie war die Stimmung am Set?
Die Stimmung war sehr gut. Es wurde ja fast nur draußen gedreht, auf den beiden Reiterhöfen, auf Obstwiesen, mitten im Grünen. Das sorgt dann schon für eine andere Stimmung als bei einer reinen Studioproduktion. Viele vom Team waren auch bereits im Jahr

Auf der Apfelwiese gefällt es Dixie ebenso gut wie Wendy.

zuvor bei den Dreharbeiten zu »Wendy – Der Film« dabei, und es war schön, sie bei »Wendy 2 – Freundschaft für immer« wiederzusehen.

Wie ist es gelungen, die Schauspieler, die im ersten Film bereits mitgewirkt hatten, und solche, die neu dazukamen, zu einem Team zusammenzubringen?

Damit sich alle kennenlernen konnten, gab es bereits vor Beginn der Dreharbeiten ein Treffen mit allen Schauspielern. Dort wurde dann über das neue Drehbuch gesprochen.

Wer verstand sich besonders gut?

Es war wahnsinnig schön zu sehen, dass sich die Kinderdarsteller alle sehr mögen und zu einer echten Clique geworden sind. Alle waren traurig, als sie sich nach dem Ende der Dreharbeiten voneinander verabschieden mussten. Wir haben eine extra Kinderverabschiedungs-Party organisiert – mit »Wendy«-Cocktails, Hamburgern, pinken Einhorn-Cupcakes und einer Karaoke-Maschine, die von allen lautstark genutzt wurde. Es war ein sehr schönes Fest.

Welche Szene war die mit den meisten Menschen am Set?

Bei der Turnierszene waren über hundertsechzig Komparsen vor Ort. Um sie auch bei schlechtem Wetter unterbringen zu können, haben wir auf dem Gelände des fiktiven St. Georg ein extra großes Kirmeszelt hinter der Reitanlage aufgestellt. Dort konnten sie sich aufhalten, wenn gerade nicht gedreht wurde, und essen und trinken.

St. Georg · Sportpferde ·

Die Turnierszene war eine riesige Herausforderung.

![Mädchen reitet auf weißem Pferd im Wald, Filmkamera im Bild]

Penny schenkt den Kameras keine Beachtung.

Mit Pferden drehen

Filmpferde müssen sehr spezielle Eigenschaften haben, damit sie sich den Herausforderungen am Set immer wieder gerne stellen.

Ganz besondere Akteure

Sie legen sich auf Kommando hin, steigen plötzlich bedrohlich, wiehern laut oder ziehen Grimassen – all dies sollte ein gutes Filmpferd können. Natürlich ist dafür ein besonderes Training notwendig. Dennoch ist längst nicht jedes Pferd geeignet, in einem Film mitzuspielen. Es muss zuallererst einmal gute Nerven haben. Auf keinen Fall darf es nervös werden, wenn viele Menschen um es herum sind. Auch laute oder schrille Geräusche sollten es nicht irritieren.

Darüber hinaus muss das Pferd generell Spaß am Erlernen neuer Dinge haben und ziemlich fit sein. Denn ein Drehtag und viele Wieder-

Die Trainerin lockt mit einem Leckerli.

holungen einer Szene können schon mal an die Kondition gehen. Und natürlich sollte das Pferd bereit sein, auf die Kommandos des Trainers oder der Trainerin einzugehen. Dazu muss eine enge Beziehung zwischen den beiden bestehen. Über die Jahre kommt dann die entsprechende Erfahrung hinzu.

Jedes Mal ein neues Abenteuer

Eine große Herausforderung besteht außerdem darin, dass ein Film in der Regel nicht chronologisch, also in der Szenenfolge der Geschichte, gedreht wird. Stattdessen werden jeden Tag ganz unterschiedliche Szenen aus dem Film aufgenommen. So kommt es vor, dass Penny zum Beispiel vormittags nervös und eher wild sein muss, nachmittags dann wieder brav und ruhig. Diese Wechsel sind schwierig mit demselben Pferd umzusetzen. Denn Pferde sind Tiere, keine Schauspieler.

Bei »Wendy 2 – Freundschaft für immer« gab es gleich mehrere anspruchsvolle Szenen. Dazu gehörte zum Beispiel die Szene am See, als Dixie und Penny schwimmen. Aber auch das Turnier, bei dem Dixie seine Freundin Penny durch den Parcours führt, war eine ausgesprochen komplexe Aufgabe. Damit alles reibungslos funktionierte, waren sehr viel Training und ein perfektes Timing nötig.

Die Schwimmszene war auch für den Pferdetrainer eine nasse Angelegenheit.

Beim Aussehen wird getrickst

Geduld ist für Filmpferde ebenfalls eine große Tugend. Bevor der eigentliche Dreh losgeht, müssen sie nämlich wie alle übrigen Darsteller in die Maske.

Am Set von »Wendy 2 – Freundschaft für immer« gab es dafür eine Spezialistin, die nur für die Pferde zuständig war – Barbara Rönneburg. Sie schminkt Pferde und frisiert sie. Wenn nötig, bastelt sie schon mal ein Haarteil für eine Mähne, flechtet Strähnen ein oder färbt.

Sie war es auch, die Dixie die hellbraunen Flecken aufs Fell und eine kleine braune Strähne ins Schopfhaar malte.

Da insgesamt drei Hauptpferde die Rolle des Dixie übernahmen, musste Barbara Rönneburg natürlich darauf achten, dass sich die Pferde nach der Maske so ähnlich sahen, dass der Zuschauer im Film am Schluss nicht mehr erkennen kann, welches Pferd gerade zu sehen ist.

Fertig gestylt warten die Pferde auf ihren Einsatz.

Rosenborg in Gefahr

Wendy ist glücklich auf Rosenborg, bis sie erfährt, dass die Geldsorgen ihrer Familie so groß sind, dass der Reiterhof vielleicht verkauft werden muss.

Paradies mit kleinen Schönheitsfehlern

Lange führt Wendy auf Rosenborg ein unbeschwertes Leben. Dort ist Platz für die ganze Familie und jede Menge Tiere. Wendy und ihr Bruder Tom können tun und lassen, was sie wollen, da gerade Ferien sind. Wendy verbringt jede freie Minute mit ihrem Zirkuspferd Dixie und ihren Freunden Mücke, Bianca und Merle.

Wendys Vater Gunnar Thorsteeg versucht den Lebensunterhalt der Familie mit Reitunterricht und mit dem Ausbilden von Jungpferden zu verdienen. Leider sind seine Einnahmen sehr gering. Seine Frau Heike und Oma Herta wollen deshalb einen Hofladen eröffnen und sind bereits kräftig dabei, Marmelade einzukochen. Der Laden soll aber erst der Anfang sein. Später könnten, so der Plan, Blumen zum Selberschneiden, Reiterferien für Kinder und ein Heuhotel dazukommen.

Gunnar hält das alles für nette, aber nutzlose Ideen. Ein Sieg bei einem Turnier, das wäre Werbung, die Rosenborg gebrauchen könnte. Dann würden vielleicht auch Profis

ihre Pferde auf Rosenborg trainieren lassen und sie dort unterstellen. Aber daran ist nicht zu denken. Wendy will, seit einem schlimmen Sturz, keine Turniere mehr reiten. Und ein geeignetes Pferd haben sie ohnehin nicht.

Gunnar und Heike stehen finanziell noch schlechter da als gedacht.

Böses Erwachen

Ein Brief von der Bank stellt von einem Tag auf den anderen alles infrage. Darin wird die Ankunft eines Prüfers angekündigt, der sich ein Bild vom Zustand des Hofes machen soll. Die Bank ist angeblich alarmiert, weil Heike und Gunnar die Rate für den Kredit dreimal mit Verzögerung gezahlt haben. Nun laufen sie Gefahr, dass der Kredit nicht verlängert wird. Dann müssten sie sich ein neues Zuhause suchen!

Tatsächlich steckt jedoch Ulrike, die Chefin des nahe gelegenen Reiterhofs St. Georg dahinter. Sie setzt die Bank unter Druck, kündigt an, notfalls das Geldinstitut zu wechseln. Denn Ulrike will auf dem Gelände von Rosenborg ein Gewerbegebiet errichten. Dafür muss Gunnar ihr den Hof natürlich erst einmal verkaufen. Aber da Ulrike um seine finanzielle Notlage weiß, hofft sie, den Reiterhof zu einem Spottpreis erwerben zu können.

Der Werbeflyer fürs Turnier kommt wie gerufen.

Ulrike präsentiert dem Banker ihre Pläne.

Eine unerwartete Chance

Wendy belauscht das Gespräch ihrer Eltern zufällig und erfährt so zum ersten Mal, wie schlecht es wirklich um Rosenborg steht.

Kurz darauf kommt Wendy am See dazu, als sich ihre Freunde Mücke, Bianca und Merle über ein Sommerturnier unterhalten, das schon bald auf St. Georg stattfinden wird. Mücke hält einen entsprechenden Flyer in den Händen. Von 2000 Euro Preisgeld ist darauf die Rede. Wendys Plan steht fest. Obwohl sie eigentlich nie wieder an einem Turnier teilnehmen wollte, ist sie entschlossen, diesmal eine Ausnahme zu machen.

Zu früh gefreut

Wendy schreitet sofort zur Tat. Zusammen mit Mücke, Bianca und Merle baut sie einen Parcours mit leichten Hindernissen auf. Aber Dixie springt nicht, schubst die Stangen stattdessen runter. Auch weitere Versuche misslingen kläglich. Dixie albert nur rum und scheint den Ernst der Lage nicht zu verstehen. Wendy ist enttäuscht. Wenigstens ihr zuliebe könnte sich Dixie ein bisschen Mühe geben.

Dixie springt zwar gerne, aber nicht über Hindernisse.

Ein Geschenk des Himmels

Wendy glaubt schon, ihre Teilnahme am Jugendturnier abschreiben zu müssen. Da taucht plötzlich Metzger Röttgers mit einer wunderschönen Stute auf und schenkt sie Oma Herta.

Erst voller Hoffnung ...

Kleines Wunder mit großem Haken

Wendy kann ihr Glück kaum fassen. Penelope kommt genau zum richtigen Zeitpunkt nach Rosenborg. Die Stute stammt vom renommierten Gestüt Hohenlohe, sieht aus wie das perfekte Springpferd, ist gesund und muskulös. Mit ihr glaubt Wendy eine echte Chance zu haben, das Turnier zu gewinnen. Als Wendy zum ersten Mal auf Penelopes Rücken steigt, reitet sie Dressur mit ihr. Alles klappt hervorragend. Sie harmonieren perfekt miteinander.

Wendys Vater Gunnar ist von der fremden Stute genauso begeistert wie seine Tochter. Aber er ist skeptisch. Irgendetwas kann mit diesem Pferd nicht stimmen, sonst wäre es wohl kaum beim Metzger gelandet.

Tatsächlich bewahrheiten sich Gunnars Befürchtungen sehr bald. Als Wendy mit Penelope über ein einfaches Hindernis springen will, scheut die Stute, geht rückwärts und wiehert schrill. Es gibt keinen Zweifel mehr: Dieses Pferd hat eine Blockade. Es ist »sauer«, ein unverantwortlicher Besitzer hat zu hart mit ihm trainiert.

Mit Einfallsreichtum zu mehr Vertrauen

Trotzdem ist Wendy entschlossen, nicht aufzugeben. Aus eigener Erfahrung weiß sie, wie es ist, Angst vor etwas zu haben. Nach einem Reitunfall wollte sie niemals mehr auf ein Pferd steigen – bis sie Dixie kennenlernte. Das Zirkuspferd hat ihr geholfen, über ihren eigenen Schatten zu springen. Genauso will Wendy es jetzt auch bei Penelope machen. Die Stute soll lernen, Wendy zu vertrauen.

Als Erstes gibt sie ihr einen neuen Namen. Penelope von der Hohenlohe klingt einfach zu hochtrabend. Wendy nennt die Stute ab sofort Penny, entwickelt einen Trainingsplan für sie und beginnt mit ein paar Bodenübungen.

Als Wendy glaubt, dass Penny so weit ist, reitet sie mit ihr auf die kleine Hecke vor dem Wassergraben zu. Die Stute stoppt abrupt vor dem Hindernis ab, tänzelt nervös und geht rückwärts. Penny hat also auch Angst vor Wasser.

Allmählich weiß Wendy nicht mehr weiter. Oma Herta, die zugeschaut hat, gibt ihr den Rat, einen Ausritt mit Penny zu machen. Davon bekommt man den Kopf frei – das gilt auch für Pferde.

... dann tief enttäuscht, weil Penny einfach nicht springt.

Wendy weiß: So kann sie das Turnier vergessen.

Ein Hoffnungsschimmer

Wendy hat auf Oma Herta gehört. In flottem Tempo biegt sie mit Penny in einen Waldweg ein, als plötzlich ein umgekippter Baumstamm vor ihnen liegt. Wendy erschrickt, aber Penny setzt locker über das Hindernis hinweg. Wendy ist baff. War das jetzt Zufall oder Absicht? Penny wirkt jedenfalls völlig entspannt.

Wendy überlegt, wendet dann und reitet erneut auf den Baumstamm zu. Wieder fliegt Penny nur so darüber hinweg.

Wendy strahlt und lobt die Stute überschwänglich. Sie hat doch gewusst, dass Penny es kann!

Zurück vom Ausritt trabt Wendy zum Reitplatz und steuert entschlossen ein Hindernis an. Doch Penny schießt im letzten Moment seitlich daran vorbei.

Wendy sitzt ab. Frustriert wirft sie ihren Reithelm zu Boden und kämpft mit den Tränen. Offenbar hat sie sich zu früh gefreut!

Auf dem Parcours macht Dixie nur Blödsinn.

Dicke Luft zwischen Dixie und Wendy

Dixie und Wendy sind eigentlich allerbeste Freunde. Aber als Wendy beschließt, am Turnier teilzunehmen, reiht sich plötzlich ein Missverständnis ans andere.

Schluss mit lustig

Wendy glaubt zunächst, das Turnier mit Dixie reiten zu können. Schnell muss sie jedoch erkennen, dass das dickköpfige Zirkuspferd nicht springen kann – und es auch nicht will. Hindernisse gefallen Dixie einfach nicht. Viel lustiger findet das Pferd es, die Stangen absichtlich runter zu stoßen und allerhand Unsinn damit zu veranstalten.

Wendy kann darüber gar nicht lachen. Sie ist enttäuscht. Dixie müsste doch spüren, wie wichtig das Turnier für sie ist.

Allein langweilt sich das Zirkuspferd.

Plötzlich zweite Wahl

Als dann unvermutet Penny auf Rosenborg auftaucht, schöpft Wendy neue Hoffnung. Ab sofort dreht sich für sie alles um die Stute. Wendy bringt Penny in Dixies Stall unter und füttert sie mit »seinen« Äpfeln. Das Zirkuspferd ist eifersüchtig, fühlt sich plötzlich abgeschrieben. Während Wendy und Penny zusammen Spaziergänge und Ausritte machen, ist Dixie sich selbst überlassen. Schlecht gelaunt stromert Dixie umher – und kommt am Reitplatz vorbei. Wendy steht neben Penny, die

von Mücke, Bianca und Merle bewundert wird. Da niemand Dixie beachtet, schnappt sich das Pferd einen Stift und streicht damit Pennys Trainingsplan, der am Boden liegt, durch. Dann dreht sich Dixie um und geht.

Was zu viel ist, ist zu viel

Aber nicht nur Penny ist Dixie ein Dorn im Auge. Schon beim ersten Zusammentreffen von Wendy und Daniel auf einer Apfelwiese spürt das Zirkuspferd instinktiv, dass der Junge kein Freund ist.

Als Daniel dann nach Rosenborg kommt, um Wendy angeblich Spezial-Leckerlis für Penny vorbeizubringen, ist Dixie misstrauisch. Deshalb nähert er sich dem Heuboden, wo Wendy und Daniel sich hinter ein paar Strohballen zurückgezogen haben. Dixie tritt so kräftig gegen die Ballen, dass sich einige lösen.

Irritiert klettern Wendy und Daniel aus ihrem Versteck hervor. Daniel drückt Wendy hastig die Tüte mit den Leckerlis in die Hände. Dixie nutzt die Gelegenheit und beißt ihn in den Arm.

Wendy ist entsetzt und sperrt Dixie in eine Box. Das Zirkuspferd wiehert traurig. Natürlich hat Wendy Mitleid, aber beißen geht gar nicht, das muss Dixie lernen.

Späte Einsicht

Nach einer Weile schiebt Dixie den Riegel der Box mit dem Maul beiseite, tritt nach draußen und macht sich über die Leckerlis her. Dann trottet Dixie zum Haus. Unter Wendys Zimmerfenster wiehert das Pferd noch einmal, dann verlässt es Rosenborg.

Bald schon fühlt sich Dixie schlecht. In einem Wald, tief im Dickicht, bricht er zusammen.

Als Wendy bemerkt, dass Dixie verschwunden ist, ist sie außer sich vor Sorge. Alle Wut ist verflogen. Sofort macht sie sich auf die Suche nach ihm.

Als sie Dixie, dank Pennys Hilfe, schließlich entdeckt, ruft sie sofort die Tierärztin an. Die pumpt dem Pferd den Magen aus. Obwohl Wendy noch nicht weiß, dass die Leckerlis vergiftet sind, macht sie sich heftige Vorwürfe. Sie hätte besser auf Dixie achtgeben müssen.

In dieser Nacht bleibt Wendy draußen bei Dixie. Nie wieder will sie ihn allein lassen und hofft, dass er ihr verzeihen kann.

Dixie geht auf Daniel los.

Dixies Zustand ist ernst.

Wendy und Daniel – ein fataler Irrtum

Wendy findet Daniel ziemlich nett. Er ist ein sehr guter Reiter und scheint etwas von Pferden zu verstehen. Leider täuscht der erste Eindruck.

Eine unerwartete Begegnung

Schon von der ersten Begegnung mit Daniel ist Wendy ziemlich beeindruckt: Sie füttert Dixie gerade mit Äpfeln, als plötzlich Hufgetrappel ertönt. Dixie und Wendy stehen auf und schauen sich um. Ein rassiges Pferd taucht auf. Sein junger Reiter lässt es über ein Gatter hinwegsetzen, lenkt sein Pferd dann zu Wendy, bleibt vor ihr stehen und stellt sich ihr als Daniel vor.

Wendy muss zugeben, dass er ein sehr guter Reiter ist. Ihr fällt jedoch auf, dass er sein Pferd ziemlich hart an die Kandare nimmt. Von Daniel erfährt sie, dass er zurzeit auf St. Georg wohnt, wo er für das bevorstehende Sommerturnier trainiert. Daniel erklärt direkt, dass er bei dem Turnier den Sieg holen will, um in den Landeskader zu kommen. Dummerweise hat er bei seinem Ausritt ein wenig die Orientierung verloren.

Wendy beschreibt ihm den Weg zurück nach St. Georg, und Daniel prescht davon, nicht ohne ihr noch einmal zugezwinkert zu haben.

Cooler Typ – oder doch ein Blender?

Wendy begegnet Daniel das nächste Mal auf St. Georg. Sie ist mit ihrem Bruder Tom zum Reiterhof gefahren, um sich nun doch für das Turnier anzumelden. Denn inzwischen ist Penny auf Rosenborg angekommen, und Wendy weiß von den finanziellen Schwierigkeiten ihrer Familie.

Auf St. Georg tritt Wendy an den Zaun des Reitplatzes, wo Daniel gerade mit seinem Pferd trainiert. Sie muss anerkennen, dass er sich wirklich geschickt anstellt.

Ein wenig später gesellt sich Daniel zu ihnen, kurz nachdem Wendy und Tom von Vanessa erfahren haben, dass sie es war, die dafür gesorgt hat, dass Penny nach Rosenborg gekommen ist. Daniel ist überrascht, als er von Tom hört, dass Wendy für das Turnier trainiert. Interessiert hakt er nach. Muss er nun Angst vor Konkurrenz haben? Trotzdem wünscht er Wendy viel Glück und klatscht sich mit ihr ab.

Daniel tut, als freue er sich, Wendy zu sehen.

Ein hinterhältiger Plan

Nachdem Daniel von Ulrike Immhof erfahren hat, welches Pferd Wendy beim Turnier reiten wird, ist er alarmiert. Als er im Wald sieht, wie locker Penny über einen Baumstamm hinwegsetzt, steht für Daniel fest, dass er eingreifen muss. Er besprüht einige Leckerlis mit einer gefährlichen Droge, packt sie in einen Beutel und macht sich auf den Weg nach Rosenborg.

Wendy ist geknickt, weil sich Penny beim Springen auf dem Reitplatz doch wieder verweigert hat. Sie hat sich in die Scheune auf den Heuboden zurückgezogen, will eigentlich

ihre Ruhe haben. Doch als sie hört, dass Daniel da ist, freut sie sich. Mit ihm kann sie sich super über Pferde unterhalten. Und dass er Leckerlis mitgebracht hat, findet sie sehr nett.

Die Leckerlis sind ein gar nicht nett gemeintes Geschenk.

Die Maske fällt

Es ist schließlich Vanessa, die Wendy die Wahrheit über Daniel offenbart. Vanessa hat ein Gespräch zwischen ihrer Mutter und Daniel belauscht – und so von der Sache mit den Leckerlis erfahren.

Wendy fällt aus allen Wolken. Jetzt begreift sie, weshalb es Dixie so schlecht ging. Niemals hätte sie gedacht, dass Daniel derart skrupellos ist. Sie hielt ihn für einen Freund.

Daniel führt nichts Gutes im Schilde.

Dixie und Penny werden ein unschlagbares Team

Wendy versteht nicht, weshalb Dixie so bockig ist.

Zunächst kann Dixie die fremde Stute gar nicht leiden. Doch als Penny dem Zirkuspferd zur Seite steht, als es diesem schlecht geht, ändert es seine Meinung.

Ein ungewollter Neuzugang

Als Penny auf Rosenborg auftaucht, ist Dixie zunächst sehr eifersüchtig auf die Stute, die plötzlich Wendys ganze Aufmerksamkeit genießt. Selbst wenn Dixie Kunststückchen macht, achtet Wendy nicht mehr auf ihn. Das Zirkuspferd ist frustriert und schlecht gelaunt. Als Wendy Dixie dann auch noch zur Strafe für sein schlechtes Benehmen einsperrt, reicht es dem Zirkuspferd. Es frisst alle Leckerlis auf und verlässt Rosenborg – ein Entschluss, den es um ein Haar mit dem Leben bezahlt hätte.

Rettung in letzter Sekunde

Dixie hat es alleine Penny zu verdanken, dass Wendy ihn gerade noch rechtzeitig findet. Als Wendy das Verschwinden des Zirkuspferds bemerkt hatte, war sie vollkommen aufgelöst vor Sorge. Sie hatte schon überall gesucht, doch Dixie blieb verschwunden. Wendy wollte bereits zu den Feldern zurückkehren, doch Penny beharrte darauf, tiefer in den Wald hineinzugehen. Kurz darauf finden sie Dixie. Das Pferd hat Schaum vor dem Maul, stöhnt vor Schmerzen und ist sehr schwach.

Penny spürt, wo Dixie ist.

Plötzlich unzertrennlich

Danach lässt Penny Dixie nicht mehr aus den Augen. Als Wendy und Tom in ihren Schlafsäcken im Offenstall sitzen, um über Nacht bei dem kranken Zirkuspferd zu bleiben, steht

Penny etwas abseits auf der Weide unter dem Apfelbaum. Die Stute hat alles ganz genau im Blick.

Als Wendy und Tom dann eingeschlafen sind, nähert sich Penny ihrem neuen Freund vorsichtig. Sie schnaubt leise. Dixie öffnet die Augen und hebt den Kopf ein wenig. Die Nüstern der beiden berühren sich sanft. Zwischen ihnen ist eine innige Verbundenheit entstanden.

Das entgeht auch Wendy nicht. Als sie am nächsten Morgen wach wird, ist Dixie schon wieder auf den Beinen und steht bei Penny. Die beiden grasen friedlich nebeneinander. Wendy fällt ein Stein vom Herzen. Sie geht zu ihnen und streichelt sie selig. Dies ist ein glücklicher Moment zu dritt.

Plötzlich ein Herz und eine Seele.

jedoch scheut, tänzelt und bleibt am Ufer. Sie fürchtet sich vor Wasser. Aber Dixie will Penny unbedingt bei sich haben. Rückwärtsgehend lockt er sie Schritt für Schritt in den See hinein, bis sie beide darin schwimmen.

Ein echter Liebesbeweis.

Dank Dixie hat Penny es geschafft, ihre Angst zu überwinden. Sie vertraut dem Zirkuspferd zu einhundert Prozent. Ist Dixie in ihrer Nähe, wagt Penny alles. So springt sie beim Turnier auf St. Georg sogar über die Hindernisse, sobald Dixie bei ihr ist. Das Zirkuspferd hilft Penny, über sich hinauszuwachsen und ihre Blockaden zu besiegen.

Zwei, die zusammen alles schaffen

Dixie ist ein wirklich robustes Pferd. Es erholt sich sehr schnell und trabt schon bald zum See davon. Wendy und Penny folgen.

Dixie rennt ins Wasser, dreht sich um, wiehert und planscht mit den Vorderläufen. Penny

Dixie ist ein einfühlsamer Überzeugungskünstler.

Das Turnier

Wendy hofft, das Turnier gewinnen zu können. Allerdings hat sie nicht mit der eiskalten Entschlossenheit von Ulrike Immhof gerechnet.

Die Hoffnung stirbt zuletzt

Familie Thorsteeg erscheint geschlossen beim Turnier. Ulrike Immhof entgeht dies natürlich nicht. Ebenso wenig wie die Tatsache, dass sie gleich zwei Pferde dabeihaben: Penny und Dixie. Ulrike ist sofort alarmiert und sucht Daniel auf. Sie macht ihm unmissverständlich klar, dass sein Traum vom Landeskader wohl platzen wird, wenn er sich nicht schnell etwas einfallen lässt.

Daniel winkt ab. Er hat sich längst um Penelope gekümmert. Er berichtet Ulrike von den präparierten Leckerlis. Selbst wenn Penelope tatsächlich springen sollte: Spätestens bei der Dopingkontrolle wird sie auffliegen und disqualifiziert werden. Ulrike klopft Daniel anerkennend auf die Schulter. Er hat auf St. Georg offenbar nicht nur reiten gelernt.

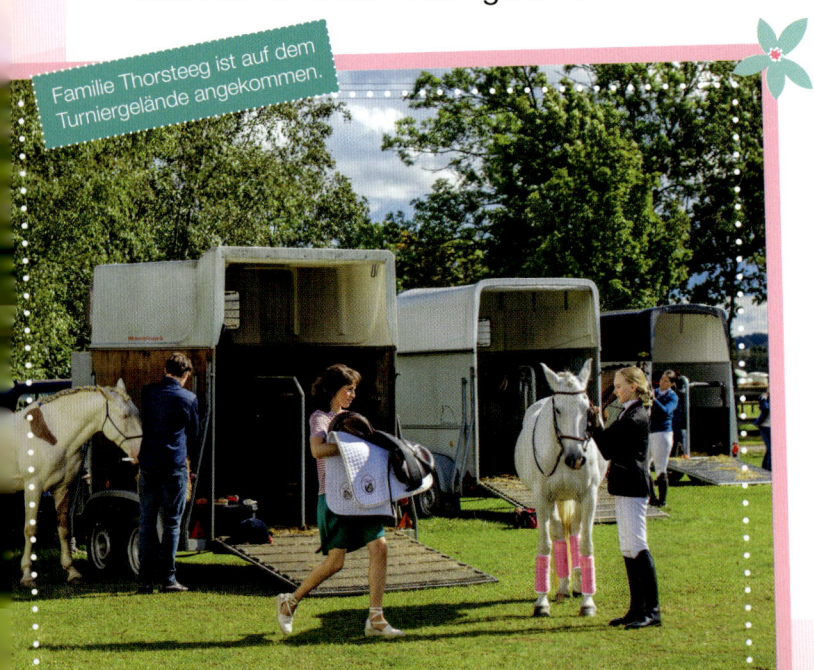

Familie Thorsteeg ist auf dem Turniergelände angekommen.

Von einer Katastrophe zur nächsten

Wenig später erfährt Wendy von Vanessa, die das Gespräch der beiden belauscht hat, was geschehen ist.

Wendy ist zutiefst enttäuscht von Daniel.

Dies ist jedoch nicht der einzige Schock, den Wendy verkraften muss. Zwei Ordner tauchen auf und erklären ihr, dass alle Pferde, die nicht gemeldet sind, sofort das Turniergelände verlassen müssen. Einer der beiden Männer hakt eine Longe in Dixies Halfter und zerrt daran. Aber Dixie ist stur und bleibt stehen. Erst als Wendy Dixie bittet zu gehen, weil einer der Ordner bereits zum Schlag ausholt, gehorcht das Zirkuspferd widerwillig.

Als Gunnar und Heike zum Abreitplatz kommen, berichtet Wendy ihnen aufgelöst, was geschehen ist. Gunnar verspricht, umgehend mit Ulrike zu reden. Nur sie kann auf die Idee mit den Ordnern gekommen sein. Heike wird unterdessen Dixie suchen.

Leider muss Gunnar feststellen, dass Ulrike alles leugnet. Ihm bleibt nur, zu Wendy zurückzukehren und ihr Mut zuzusprechen.

Die Entscheidung

Daniel und Vanessa haben ihren Ritt bereits absolviert. Nun ist Wendy an der Reihe. Doch sie bekommt Penny, die nervös tänzelt, kaum in die Bahn. Und von Dixie ist noch immer weit und breit nichts zu sehen. War also alles umsonst?

Sie ahnt nicht, was sich gerade im Außengelände abspielt. Dixie hat sich dort auf den Boden gelegt. Einer der Ordner zerrt am Schweif des Pferdes. Mücke, Bianca und Merle, die auf dem Weg zur Tribüne sind, sehen das – und mischen sich ein. Mücke packt den Ordner, der an Dixie rumzieht, am freien Arm, tut, als würde der Mann ihn festhalten, und schreit. Dadurch wird Heike aufmerksam und stürmt herbei. Sie fordert die Ordner auf, die Kinder und das Pferd in Ruhe zu lassen. Aber noch geben die Männer nicht auf. Einer holt sogar ein Elektroschockgerät hervor. Es ist schließlich Oma Herta, die sich todesmutig zwischen Dixie und die Ordner wirft und dem Zirkuspferd so die Flucht ermöglicht.

Dixie galoppiert auf der Stelle zum Turnierplatz. Als das Pferd die Startlinie passiert, reitet endlich auch Penny los. Sie folgt Dixie. Zusammen meistern sie den Parcours fehlerfrei und in Bestzeit. Trotzdem verkündet der Ansager, dass Wendy und Penny disqualifiziert sind. Zwei Pferde in der Bahn, das ist regelwidrig. Die Zuschauer buhen aufgebracht, sind offenkundig empört über diese Entscheidung.

Wendy bleibt souverän, bringt es sogar fertig, Daniel zu gratulieren, der nun als Sieger gekürt wird.

Gunnar erinnert Wendy daran, dass Penny sie jetzt ganz besonders braucht.

Die Ordner wollen nicht von Dixie ablassen.

Verloren und trotzdem gewonnen

Solch einen Ansturm hat Rosenborg noch nie erlebt.

Die Thorsteegs glauben, Rosenborg endgültig an Ulrike Immhof verloren zu haben. Aber dann kommt alles ganz anders.

Frust auf Rosenborg

Am Morgen nach dem Turnier sind Wendy und ihre Familie noch immer sehr geknickt. Zumal Bankberater Herr Hövelmann für diesen Tag seinen entscheidenden Besuch angekündigt hat. Angeblich will er sich nur ein Bild vom Zustand des Hofes machen. Aber wie sein Urteil ausfallen wird, steht ohnehin schon fest, darüber machen sich die Thorsteegs keine Illusionen. Ansonsten würde er wohl kaum Ulrike Immhof zum Termin mitbringen. Es ist klar, dass Ulrike die Notlage der Familie nutzen will, um den Preis noch einmal zu senken. Sie weiß, die Thorsteegs haben keine Wahl. Sie müssen jedes Angebot annehmen.

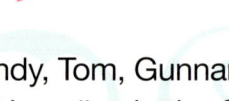
Schweren Herzens will Oma Herta unterschreiben.

Ein kleines Wunder

Schweigend stehen Wendy, Tom, Gunnar, Heike und Oma Herta vor der Haustür, als der Geländewagen von Ulrike Immhof mitten im Hof hält. Ulrike und Herr Hövelmann steigen aus.

Ulrike fackelt nicht lange. Sie überreicht Gunnar und Heike den Kaufvertrag und einen Stift. Die beiden schauen sich unglücklich an – und geben beides an Oma Herta weiter. Sie will gerade unterschreiben, als ein Auto mit Pferdeanhänger auf den Hof donnert. Dicht dahinter folgt eine große Menschenmenge. Darunter sind auch Mücke, Bianca und Merle.

Ulrike traut ihren Augen nicht. Sie ist verärgert. Was ist hier plötzlich los?

Ein Mädchen stürmt auf Wendy zu und erklärt, dass sie ihren Ritt mit den zwei Pferden auf YouTube gesehen hat. Daraufhin hat sie ihre Eltern überzeugt, ihr Pferd ab sofort auf Rosenborg einzustellen.

Das Klappern von Pferdehufen ist zu hören. Dann kommt Vanessa auf Tornado in den Hof geritten. Sie ignoriert ihre Mutter und lächelt Wendy an. Es wird höchste Zeit, dass Tornado und sie anders trainieren als auf St. Georg. Deshalb will Vanessa das Pferd auch gleich auf Rosenborg unterstellen. Ihr Vater wird die Kosten übernehmen.

Zuckersüße Überraschung

Ulrike entgleisen die Gesichtszüge. Mehrere Frauen steuern auf Oma Herta und Heike zu. Sie wollen wissen, wo der Hofladen ist. Dort soll es wunderbare Marmelade geben. Metzger Röttgers hat ihnen davon vorgeschwärmt. Oma Herta grinst verstohlen. Sie hatte dem Metzger mehrere Gläser Marmelade in die Hand gedrückt, weil er ihnen Penelope geschenkt hatte. Oma Herta gibt Ulrike den Kaufvertrag zurück. Unter diesen Umständen wird sie nicht unterzeichnen!

Wutentbrannt steigt Ulrike in ihr Auto und fährt schon los, bevor Herr Hövelmann noch richtig eingestiegen ist. Wendy, Tom, Gunnar, Heike und Oma Herta fallen sich jubelnd in die Arme.

Der Hofladen brummt.

Wahre Sieger

Wendy geht zu Mücke, Bianca und Merle, um sich bei ihnen zu bedanken. Aber Mücke schüttelt den Kopf. Das alles hat Wendy einzig und allein sich selbst und ihren beiden Pferden zuzuschreiben.

Wendy schlendert hinüber zum Offenstall, wo Dixie und Penny sie freudig begrüßen. Sie streichelt die beiden zärtlich. Zusammen haben sie es geschafft – sie werden auf Rosenborg bleiben. Wendys größter Wunsch ist in Erfüllung gegangen!

Ein unerwartetes Happy End.

Jule Hermann (Wendy) und Henriette Morawe (Vanessa) verstehen sich privat sehr gut. Und das bereits seit dem ersten Film, in dem sie vor der Kamera eigentlich Feindinnen spielten.

Auf Rosenborg fühlt sich jeder wohl.

Die alte Wasserburg, auf der alle Szenen aufgenommen wurden, die auf Rosenborg spielen, dient häufig als Location für Fernsehproduktionen. Unter anderem haben dort auch schon Dreharbeiten zu einem »Münster-Tatort« mit Axel Prahl und Jan-Josef Liefers stattgefunden.

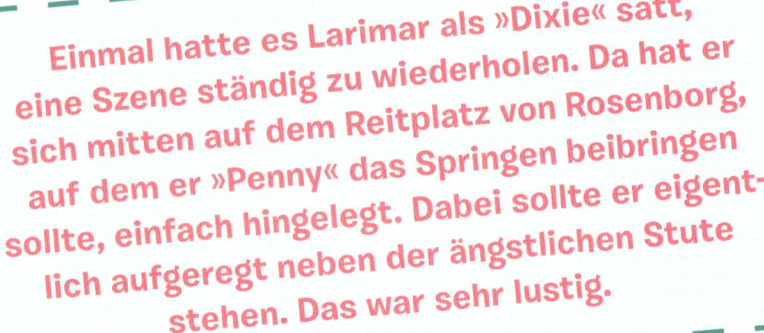

Einmal hatte es Larimar als »Dixie« satt, eine Szene ständig zu wiederholen. Da hat er sich mitten auf dem Reitplatz von Rosenborg, auf dem er »Penny« das Springen beibringen sollte, einfach hingelegt. Dabei sollte er eigentlich aufgeregt neben der ängstlichen Stute stehen. Das war sehr lustig.

Dixie ist ein verrücktes Pferd.

An den Tagen, an denen die aufwendige Turnierszene gedreht wurde, haben viele Komparsen-Pferde mitgewirkt. Zwischen vierzig und fünfzig Pferde waren vor Ort.

Drehort der Szene, in der Dixie und Penny zusammen schwimmen, war ein See in der Nähe von Erftstadt.

Die Szene war eine echte Herausforderung.

Leider spielte das Wetter nicht immer mit. So auch bei der Schwimmszene. Zwar hatten die Trainer schon alles sehr gut mit den Pferden geübt, aber durch die Kälte und den Regen hatten die Tiere nur sehr wenig Lust, sich im Wasser zu vergnügen.

Ein inniger Moment

Insgesamt gab es rund vierzig Drehtage (einige auch ohne Schauspieler, wenn zum Beispiel spezielle Situationen mit den Pferden gedreht wurden).

Test

Wie gut kennst du Wendys Welt?

1

Oma Herta macht wunderbare Marmelade. Wem schenkt sie etwas davon?

a) Ulrike Immhof **(O)**

b) Metzger Röttgers **(R)**

c) ihrem Enkel Tom **(P)**

Die Marmelade ist ein altes Familienrezept.

2

Oma Herta und Heike wollen eine neue Einnahmequelle für Rosenborg finden. Was möchten sie eröffnen?

a) einen Hofladen **(O)**

b) einen Imbiss **(M)**

c) ein Tierheim **(N)**

3

Wie heißen Wendys beste Freunde?

a) Fliege, Anne und Suse **(T)**

b) Biene, Sara und Benno **(U)**

c) Mücke, Bianca und Merle **(S)**

4

Dixie ist ein ...

a) Lipizzaner **(D)**

b) Zirkuspferd **(E)**

c) Rappe **(F)**

Dixie ist ein Witzbold.

Lösung: _ _ _ _

58

5

Penny gewinnt das Sommerturnier auf St. Georg und ...

a) wird disqualifiziert **(N)**

b) bekommt das Preisgeld **(L)**

c) wird verkauft **(M)**

6

Der Sieger des Jugendturniers auf St. Georg bekommt eine Prämie in Höhe von ... **(A)**

a) 3000 Euro **(C)**

b) 5000 Euro **(B)**

c) 2000 Euro

7

Was bedeutet es, wenn ein Pferd »sauer« ist?

a) Das Pferd macht immer das Gegenteil von dem, was es soll. **(N)**

b) Ein unverantwortlicher Besitzer hat zu hart mit dem Pferd trainiert. **(O)**

c) Das Pferd ist faul und verweigert sich. **(M)**

Dixie fordert Penny zum Springen auf.

8

Daniel will durch den Sieg beim Jugendturnier unbedingt einen Platz ...

a) im Landeskader ergattern **(R)**

b) in der Leistungsriege von St. Georg bekommen **(S)**

c) in Wendys Herzen finden **(T)**

9

Als Penny nach Rosenborg kommt, ist Dixie

a) gelangweilt **(E)**

b) hingerissen **(F)**

c) eifersüchtig **(G)**

Dixie hat viel Temperament.

Der Roman zum ersten Wendy-Kinofilm

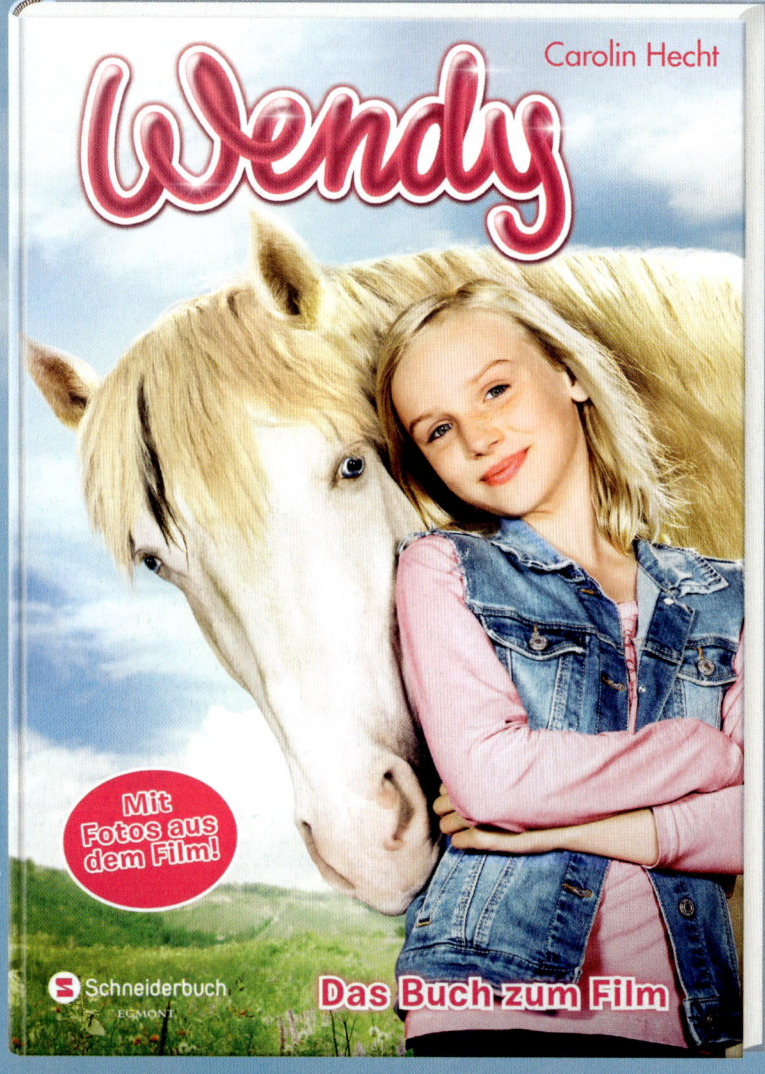

Wenn alles doch noch so wäre wie früher! Als Wendy eine erfolgreiche Reiterin war und so viel Zeit wie möglich im Sattel verbracht hat. Doch seit ihrem Reitunfall ist alles anders – Wendy hat Angst vor Pferden und ist seitdem nie mehr geritten. Was soll sie also den ganzen Sommer über auf Rosenborg, dem etwas heruntergekommenen Reiterhof ihrer Großmutter? Kaum angekommen, läuft ihr das Pferd Dixie über den Weg, das dem Pferdemetzger ausgebüxt ist. Dixie scheint Wendys Nähe zu suchen und folgt ihr auf Schritt und Tritt. Gegen ihren Willen fasst Wendy langsam Vertrauen zu dem Pferd und will es beschützen. Dabei ahnt sie nicht, wie wichtig ihr Dixie noch werden wird …

Carolin Hecht
Wendy, Das Buch zum Film
240 Seiten, gebunden
€ 12,99 [D]
ISBN 978-3-505-13977-2

Kinder lieben Schneiderbücher!

www.schneiderbuch.de

Wendy 2

Der Roman zum zweiten Wendy-Kinofilm – Freundschaft für immer

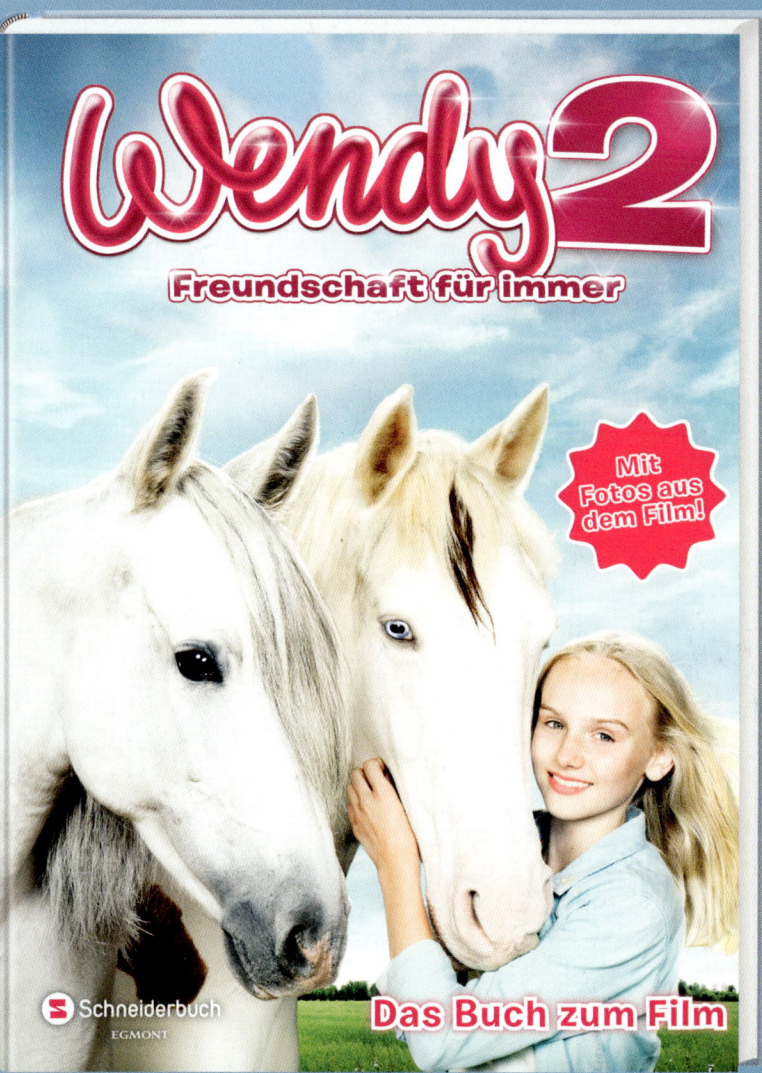

Wendy ist glücklich auf Rosenborg, doch der Reiterhof ist in Gefahr! Um den Verkauf von Rosenborg zu verhindern, beschließt Wendy am großen Sommerturnier teilzunehmen. Aber Zirkuspferd Dixie will einfach nicht springen! Glücklicherweise bekommt Familie Thorsteeg ein edles Springpferd geschenkt und Wendys Turnierteilnahme steht eigentlich nichts mehr im Weg. Doch Penny verweigert jedes Hindernis! Während Wendy versucht, Penny zu helfen, fühlt sich Dixie zunehmend vernachlässigt … Kann Wendy ihre Freundschaft retten und Pennys Angst heilen, um mit ihr das Turnier zu gewinnen?

Mark Stichler
Wendy 2 – Freundschaft für immer
Das Buch zum Film
224 Seiten, gebunden
€ 12,99 [D]
ISBN 978-3-505-14132-4

Kinder lieben Schneiderbücher!

www.schneiderbuch.de

1. Auflage
© 2018 Bantry Bay Productions GmbH/Deutsche Columbia Pictures Filmproduktion GmbH
im Verleih von Sony Pictures Entertainment Deutschland GmbH
Wendy ist eine eingetragene Marke der Wendy Animation Broadcasting Limited
© 2018 für die Buchausgabe Schneiderbuch
Verlegt durch EGMONT Verlagsgesellschaften mbH
Alte Jakobstraße 83, 10179 Berlin
Alle Rechte vorbehalten

Filmfotos: © 2017 Sony Pictures Entertainment Deutschland GmbH/
Bantry Bay Productions GmbH/Tom Trambow
Motion Picture Artwork © 2017 CTMG. All rights reserved
Umschlaggestaltung: Guter Punkt, München I www.guter-punkt.de
Layout und Satz: Guter Punkt, München I www.guter-punkt.de
Printed in the EU
ISBN 978-3-505-14133-1
www.schneiderbuch.de

Unsere Bücher finden Sie im
Buch- und Fachhandel sowie im

www.egmont-shop.de

Die EGMONT Verlagsgesellschaften gehören als Teil der EGMONT-Gruppe zur **EGMONT Foundation** – einer gemeinnützigen Stiftung, deren Ziel es ist, die sozialen, kulturellen und gesundheitlichen Lebensumstände von Kindern und Jugendlichen zu verbessern.

Weitere ausführliche Informationen zur **EGMONT Foundation**
unter www.egmont.com.